VON

KÖNIGSBERG

NACH

KANADA

ARTHUR PROPP

MIT

DAN PROPP

Von Königsberg nach Kanada

Copyright 2016 © Dan Propp

Dieses Werk beruht auf wahren Gegebenheiten.

Veröffentlicht von Dan Propp

Akkordeon zu Dan Publishing

10430 Hollybank Dr.
Richmond , BC
V7E 4S5
Kanada

www.nostalgicroads.weebly.com

ISBN: 978-1-927626-57-3

E-Book: 978-1-927626-58-0

An alle Kinder des Krieges und des Vorurteils

Vorwort

von Domingo Avilés

Im Frühjahr 2015 setzte sich Herr Daniel (Dan) Propp mit mir in Verbindung. Er hatte meinen Namen auf der Homepage der Society of Translators and Interpreters of British Columbia (STIBC), mit Sitz in Vancouver, Kanada, gefunden, wo ich als Übersetzer aus dem Deutschen aufgeführt bin. Bald stellte sich heraus, dass meine Dienste in diesem Fall nicht so sehr dem Übersetzen, sondern zunächst einmal dem Herausgeben gelten sollten: Dan wollte, dass ich das deutsch verfasste Werk seines längst verstorbenen Vaters, Arthur Propp, erst herausbringe – genauer, dass ich aus den zahlreichen maschinengeschriebenen Heften, die er hinterlassen hatte, das Beste heraussuche und druckfertig mache. Er hoffte, auf diese Weise die Hinterlassenschaft seines Vaters der Welt zugänglich zu machen, insbesondere, was er als deren wichtigste Lektion und Botschaft ansieht: das Leiden der Kinder, die in Krieg und Verfolgung verstrickt sind – ein Leiden, das selbst dann in den Kindern fortlebt, wenn diese Krieg, Flucht und Unterdrückung nicht selber erlebt haben, aber von Eltern großgezogen werden, die dadurch gezeichnet sind; daher die Widmung dieses Buches.

Arthur Propp wurde 1890 in Königsberg, dem heutigen Kalinigrad, im damals noch zu Deutschland gehörenden Ostpreußen als Kind jüdischer Eltern geboren. In die Fußstapfen seines Vaters tretend, wurde er in der Holzindustrie tätig und brachte es in den folgenden Jahrzehnten zu beachtlichem Wohlstand. In den 1930er Jahren wurde er von den Nazis seines Vermögens beraubt und schließlich zum Auswandern gezwungen, was 1939, kurz vor Beginn des Zweiten Weltkrieges, erfolgte. Nachdem ihm zunächst die Flucht nach England gelungen war, wo sein Sohn Max, den er mit seiner ersten Frau gehabt hatte, zur Schule ging, wanderte er nach Bolivien aus, wo er das darauffolgende Jahrzehnt verbrachte. Dort wurde 1944 sein Sohn Daniel José Propp, mein Auftraggeber, geboren; seine Mutter war Arthurs zweite Ehefrau, die ihm von Brasilien nach Bolivien nachgekommen war (die erste musste wegen ihrer Geisteskrankheit in Ostpreußen zurückbleiben und starb in einem Konzentrationslager). In der Zwischenzeit war Max als Kriegsgefangener nach Kanada deportiert worden (sein Deutschsein machte ihn doch zu einem Feind oder zumindest verdächtig, ein Spitzel zu sein); nach seiner Befreiung setzte er sich dafür ein, dem Rest der Familie ein Einwanderungsvisum zu verschaffen. So zog Arthur 1950 schließlich mit Frau und Kind nach Kanada und ließ sich in der Kleinstadt Gibsons nieder, nahe bei Vancouver, in der Region, wo Dan immer noch lebt. Arthur Propp starb 1965.

Unter seinen hinterlassenen Schriften findet sich eine lange Erzählung, die als Brief an Dan ausgestaltet ist und das ganze Leben des Verfassers bis hin zur Auswanderung aus Bolivien nach Kanada abdeckt. Sie erstreckt sich über Hunderte von Seiten, und irgendwann ist der Charakter des Textes als an Dan gerichteter Brief vergessen: Auf den dem Leben in Bolivien gewidmeten Seiten spricht Arthur von ihm in der dritten Person. Leider ist in diesen Heften Manches in Unordnung geraten: Die Seitenabfolge ist oft falsch und viele Seiten scheinen zu fehlen, wodurch der Text mitunter zu lückenhaft wird, als dass ihm ein kohärenter Sinn abgewonnen werden könnte. Dennoch lassen sich ihnen zumindest die groben Züge der Erzählung entnehmen. Wenn man nun die brauchbaren Teile dieses Textes mit Passagen aus anderen unveröffentlichen Schriften desselben Autors ergänzt, bekommt man eine zusammenhängende Geschichte, welcher der Leser folgen kann. Die Haupterzählung ist umrahmt von mehreren von mir aus dem Englischen übersetzten Auszügen aus Dans Werk *Through the Sunshine*:[1] Am Anfang beschreibt er seine Kindheit im Gibsons der Fünfzigerjahre im Schatten des Holocaust und des Zweiten Weltkrieges; dies bildet gleichsam den Kontext zu Arthurs Erzählung. Am Ende steht das Gedicht „Der Pass" („*The Passport*"), das als der Abschluss und die Moral der Geschichte betrachtet werden kann.

In seinem unveröffentlichten Werk bedient sich Arthur Propp oft einer eigenartigen Interpunktion und Rechtschreibung; ich habe den Originaltext diesbezüglich norma-

---

[1] Dieses und andere Werke von Dan, der ja selber Schriftsteller, Dichter und Musiker ist, kann man unter www.nostalgicroads.weebly.com finden.

lisiert. Darüber hinaus wurden die zahlreichen Tippfehler, die sich natürlicherweise beim Maschinenschreiben eingeschlichen hatten, nur selten korrigiert, was besonders bei Eigennamen (von Menschen oder Orten) Probleme bereitet. Ich habe mich nur solche Fehler zu verbessern getraut, bei denen ich mir der richtigen Lesart sicher war, mir unbekannte Namen hingegen auch dann unverändert stehenlassen, wenn ich ein Verschreiben vermute. Hin und wieder habe ich etwas mithilfe von Fußnoten zu erläutern versucht; sämtliche in diesem Band enthalenen Fußnoten stammen von mir.

Einführung

von Dan Propp

Hier ist Gibsons, British Columbia, Kanada. Welch ein Ort! Ich war etwa zwanzig Jahre lang Lehrer, dann hörte ich auf und konnte nicht mehr in diesen Beruf zurückgehen. Ich nehme an, dass ich (in Ermangelung eines besseren Ausdrucks) Zeit zum Nachdenken brauchte. Da ist der alte Staatskai, von dem aus ich Lingcod zu fischen pflegte. Er wurde aus Vaters Holz gebaut. Sein kleines Sägewerk oben in North Road hatte es geschnitten. Das war ein Riesengeschäft! Später, als sein Hautkrebs fortschritt und seine Nase die transplantierte Haut nicht duldete, ging Vater als Rentner stolz den Kai auf und ab und trug eine Plastiknase, die mit stark nach Alkohol riechenden Chemikalien draufgeklebt war, deren Gestank das Badezimmer in unserem Haus hoch in Brook Road durchzog.

Ein Riesenhaus: zwei große Wohnungen im Keller, beide vermietet; einer dieser krakenartigen ölverbrennenden Heizöfen, der immer wieder ausfiel; unser Wohnraum in der Mitte über dem Keller und eine Suite im Dachgeschoss. Vater hatte dieses riesige schwarzweiße Ungeheuer samt Pflaum-, Apfel- und Kirschbäumen und sogar Weinrebe mit Restitutionsgeldern aus Deutschland gekauft. „Gott sei Dank für Onkel Adenauer!" rief mein Vater so oft aus – Adenauer, der bundesdeutsche Kanzler aus den frühen

xi

1950ern, der etwas Mitgefühl zu haben schien für jene deutschen Juden, die geflohen waren und überlebt hatten. Geflohen? Schon. Überlebt? Kommt darauf an, was man unter „überleben" versteht!

Ich erinnere mich noch an den Tag, da Jimmy Sinclair (es war Wahlkampfzeit) bei uns zu Hause vorbeikam, Hallo zu sagen. Mutter und Vater sagten, dass er ein großartiger Liberaler sei und unsere Gegend gut vertrete. Er rettete Vaters Speck – nein, mein Vater hielt es nicht koscher. Ich wusste nicht einmal, was koscher war. Kein Tag verging, ohne dass meine Eltern auf die eine oder andere Weise erwähnten, was – nun ja, passiert war. Sinclair war auch Fischereiminister. Seine Tochter sollte eines Tages einen gewissen Pierre Elliot Trudeau[2] heiraten!

Vater wollte mal ein Boot am Staatskai anlegen lassen und konnte das nicht: Der Hafenmeister hatte anscheinend ver-

---

[2] Premierminister von Kanada von 1968-79 und 1980-84; eine der wichtigsten Gestalten der kanadischen Politikgeschichte. Unter seinen zahlreichen Reformen nimmt der amtliche englisch-französische Bilingualismus eine besondere Stellung ein. Er setzte sich für die Einheit Kanadas ein, indem er sich dem Separatismus des französischsprachigen Quebec, seiner Heimatprovinz, widersetzte. Durch die Einführung einer spezifisch kanadischen Verfassung samt Grundrechtskatalog trug er wohl am meisten dazu bei, das bislang eigentlich zu Großbritannien gehörende Kanada zu einem wirklich unabhängigen Staat zu machen. Sein Sohn Justin Trudeau ist Kanadas gegenwärtig (2016) amtierender Premierminister.

lauten lassen, kein Jude dürfe je dort anlegen. Jimmy Sinclair schickte ein Telegramm an den Hafenmeister und seitdem gab es keine Schwierigkeiten mehr. Meine Eltern wurden Liberale fürs Leben.

Ein liberaler (kleingeschrieben) Mensch zu sein, das lernten wir, oder wir atmeten es eher ein wie durch Osmose. Unterschiedliche Lebensstile und eigenartige Gesichtspunkte sind genau, was Gibsons interessant machte. Ich nehme an, das wird in jeder Kleinstadt der Fall sein, besonders in den 50ern, in der Zeit vor dem Sputnik, den Satelliten und dem Internet. Doch das Fernsehen stellte eine Verbindung zur Außenwelt her.

Das damalige Postamt verkörperte die Hoffnung, ja erschien als die Zauberquelle, wo die Wurzeln meiner Eltern lagen. Der Schlüssel, der unser Schließfach dort öffnete, war wie eine Verbindung zu der alten Welt, zu unseren Verwandten und Freunden, die über Ecuador, Brasilien, Bolivien, Deutschland, England, Israel, Australien und die USA verstreut waren. Von dort kamen auch die Mitteilungen unseres Anwalts in Bonn unsere Restitutionsansprüche betreffend.

Die dünnen blauen Briefumschläge mit exotischen Briefmarken und Aufklebern, auf denen „Air Mail – Par Avion" stand, hoben Vatern und Muttern in den siebten Himmel. Wenn etwas eintraf, waren beide glücklich und einen Augenblick lang in Frieden wie ein Boot, das zeitweise vor Anker liegt. Traf hingegen nichts ein, war es wie eine Niederlage auf dem Schlachtfeld. Die Waffe war eine Royal-Schreibmaschine mit einem Band, das ständig angegriffen wurde mit einem Ansturm von Erinnerungen und Verbindungen zu einer Vergangenheit, die sich in Luft auflöste wie Magnesiumpulver im Arbeitszimmer eines Fotografen.

In der Schule wurde das Wissen von einem Kokon ausgehend gefeiert, der „The Dominion of Canada" hieß. Aus dieser Quelle entsprang alles andere im Königreich ihrer Majestät der Queen; das Grundwissen, das man in der Grundschule beigebracht bekam, bestand aus Lesen, Schreiben und Rechnen, welche manchmal mithilfe eines Schlagstocks eingebläut, aber im Grunde doch eher in der Erwartung unterrichtet wurden, dass wir danach strebten, gute Kanadier zu werden, die stolz auf ihr nationales Erbe waren und Ziele für die Zukunft hatten. Jeden Morgen gab es Bibelvorlesen und Gebetszeit. Meine Eltern sagten nichts darüber. Das war ironisch, denn als sie in Deutschland in die Staatsschule gingen, bevor Hitler an die Macht kam, wurden Vorkehrungen getroffen, dass jüdische Kinder auf Antrag ihrer Eltern von ebensolchen Veranstaltungen befreit wurden. Vor den Nazis war Deutschland (zumindest in dieser Beziehung) relativ liberal, offen und tolerant.

Anders hier in Kanada. Wir wurden nicht gezwungen, das Vaterunser aufzusagen, doch ich tat es, weil mir niemand zu Hause das Gegenteil nahegelegt hatte. Hätten meine Eltern sich über die Bibellektüren beschwert, dann wäre womöglich etwas passiert; sie taten es aber nie. Hinzu kam, dass sowohl das Alte als das Neue Testament behandelt wurden. Wenn Weihnachten kam, war ich voll und ganz dabei und nahm an den Schauspielen teil. Die Musik, das Gefühl, das Essen – ich sog das alles auf, weil ich es ja nicht anders kannte. Doch ein Weihnachtsbaum zu Hause kam nicht in Frage. Vater sagte einfach: „Wir sind Juden," und das war's.

Begingen wir irgendwelche jüdischen Feierlichkeiten? Nicht wirklich. Ich wusste nichts über Kiddusch-Rezitationen oder das Einhalten des Sabbats – ganz und gar nichts. Und doch: Jeden Abend bei Tisch, jeden Morgen beim Frühstück, oder wenn wir die Fernseh- und Radionachrichten hörten oder die Zeitung lasen, da kamen die Erinnerungen, der Holocaust, das Entkommen irgendwie gleichsam an die Oberfläche wie eine Geistererscheinung fortwährenden Grauens. Kolumnisten wie Elmore Philpott, Walter Lippmann, eine deutsch-jüdische Zeitung namens „Aufbau", Magazine wie Time, Newsweek, U.S. and World Report und Leute wie John Foster Dulles, Dwight Eisenhower, Harry Truman, Lester Pearson und Anthony Eden schwebten so dicht zwischen den Wänden unseres Hauses, in der Atmosphäre eines verpflanzten Heimes, dass man sie mit einem Messer hätte schneiden können, einem sehr stumpfen sogar!

Eines Tages kamen die Wiensteins ins Dorf und machten einen kleinen Lebensmittelladen auf. Sie waren polnische

Juden, erklärte meine Mutter in einem abwertenden Tonfall. Wir waren deutsche Juden, von einer feineren Art, wie es schien. Kisten voller Gemüse tauchten manchmal vor ihrem Grundstück nahe beim Staatskai auf. Das war anscheinend gegen die Stadtvorschriften, obwohl in Robson Street in Vancouver – einem deutschen Gebiet, manchmal „Robson Straße" genannt – Gemüse auf dem Perron gang und gäbe war. Doch in Gibsons gingen die Wiensteins hiermit gegen die Regeln. Es wurde gemunkelt, dass Nagetiere die Situation ausnutzten. Bald wurde der Laden als „Ratsies" bekannt. Dann erschienen plötzlich aus dem Nichts Davidsterne auf den Mauern und Fenstern, dazu ein paar ausgesuchte antisemitische Sprüche. Die Polizei ermittelte. Vater sah rot, ging zum Bürgermeister und kämpfte für die Wiensteins – ohne Erfolg. Am Ende machte die Familie Konkurs und zog aus dem Dorf weg. Wir waren wieder die einzige jüdische Familie in Gibsons, was auch immer das bedeutete!

Einmal gingen Vater und ich zum Kai herunter. In Gedanken versunken, erfreut, auf den Brettern zu gehen, die er in seinem eigenen Sägewerk hergestellt hatte, stieß er auf einen wiedergeborenen Christen, der eine Bibel in der Hand hielt und Passanten über seine Offenbarungen ansprach. Als wir vorbeigingen, rief er: „Habt Ihr von Jesus gehört?" Vater sah ihm in die Augen und sagte in einem milden Ton: „Oh ja, habe ich. Er war aus meinem eigenen Volk." Dann lächelte er und ging weiter, in seinen Erinnerungen versunken. Die

Ironie der Worte meines Vaters schnitt durch meine Eingeweide wie ein Schwert, so tiefgründig waren sie! Ich kann sie immer noch fühlen.

Aus irgendeinem Grunde dachten die Leute, dass wir reich seien, besonders nachdem mein Vater sich für die Wiensteins eingesetzt hatte. Wir wohnten immer noch in einer gemieteten Wohnung unten beim Wasser. Zwei Sägewerkarbeiter kamen auf die Idee, mich zu entführen und eine Menge Lösegeld zu verlangen. Beiden hatten, wie man so sagt, „Aufzüge, die nicht ganz bis zur oberen Etage hinkommen"! Sie waren dennoch beide ganz gut am Arbeitsplatz und selbst ihr Chef dachte, sie seien meistens recht ordentliche Kerle. Ich hörte nie alle Einzelheiten (ich wurde davor geschützt), aber anscheinend heckten die beiden (Whiskers und Small Pete), nachdem sie sich in der Ortskneipe ein paar hinter die Binde gekippt hatten, einen Plan aus, dieses reiche jüdische Kind zu entführen. Ein Plan, der nicht verwirklicht wurde, weil jemand, dem sie ihre Seele ausgeschüttet hatten, die Polizei verständigte. Derselbe Polizeikorporal, der den Wiensteinsfall bearbeitet hatte, verhaftete sie und schickte sie in den Bau.

Der Fall kam vor Gericht: die Queen gegen Whiskers und Small Pete. Vater beschloss — mit seinem großen Herzen in manchen Situationen und seinem trockenen Humor —, Zeuge für die Verteidigung zu werden! Er überzeugte den völlig verwirrten Richter, dass die beiden Probleme hatten, ein bisschen zu trinkselig waren und ziemlich gut bei der Sägearbeit waren, so dass sie eine zweite Chance verdienten. Sie wurden unter strengen Bewährungsauflagen freigelassen. Die örtliche Zeitung verkündete dann auf der ersten Seite: „Sägewerkbesitzer setzt sich für Entführer ein." Das war mein Vater!

Das Essen war sehr deutsch. Wiener Schnitzel, Kartoffeln, Sauerkraut, jede Menge Butter, Brot, Kaisersemmeln und – immer – Pudding und Kuchen. Wenn der Herd an war, gab es nichts Beruhigenderes und Wärmeres, als am Feuer zu sitzen, dem Geratter von Töpfen und Pfannen zuzuhören und den Geruch des hausgemachten, hochkommenden Brotes zu genießen sowie die Abendnachrichten im Fernsehen und den Seewetterbericht anzuhören, während draußen die Elemente wüteten!

Deutsche Ausdrücke wurden zum Alltag. „Eine Schande!" „Unglaublich!" „Wie ist das bloß möglich?" „Wie kann man sowas sagen?" „Wie eine Hühnerleiter". Echtes deutsches Marzipan, bestehend aus Mandelpaste, und eine Menge Zucker und Cognacbohnen (d.h. bohnenförmige Schokoladenpralinen mit Cognacfüllung) waren in Robson Street in Vancouver zu kaufen. Im Dezember hatten wir einen ansehnlichen Vorrat von beiden angehäuft. Vater konnte Goethe und Schiller auf der Stelle rezitieren. Beim Abendessen wechselte das Gespräch unvermittelt etwa vom Kaiser hin zu der Zeit, die Vater während der Reichskristallnacht zusammen mit einem gewissen Doktor Goldman im Gefängnis verbracht hatte, einem Professor aus Brighton, England, mit dem er immer noch regelmäßig korrespondierte.

Als nächstes kamen die Geschichten, die er immer wieder erzählte (als ob wir sie nie vorher gehört hätten): wie er sein ganzes Vermögen an das Dritte Reich abgegeben hatte, um ein paar Monate Freiheit zu gewinnen, oder die Flucht nach England mithilfe von Verbindungen zum britischen Untergrund, die anscheinend der Sohn von Lord Baden-Powell organisiert hatte, dem Gründer der Pfadfinderbewegung, vor dem ich als 8-10jähriges Mitglied in der alten Halle gegenüber dem Grundschulgebäude salutierte.

Während Mutter kochte, servierte, abspülte und das Geschirr trocknete (von den Männern wurde Solches nie erwartet), wurden wir ständig an die nichtjüdischen Mitwisser erinnert, die Vatern an die Nazis verraten hatten, als er am Tag nach der Kristallnacht nach Schweden zu entfliehen versuchte, aber von der Gestapo abgefangen wurde. Es ging so hin und her; die Zeit hatte keine Gestalt beim Abendessen. Einmal ging es um Truman, Hiroshima, die Suezkrise, W.A.C. Bennett, den Premierminister von British Columbia, den Forstminister, die Baumfällgebühr; im nächsten Augenblick konnte das Thema der erste Weltkrieg sein, enge Freunde, die noch in Bolivien lebten, und die Arbeiter beim Sägewerk, die „faul und unzuverlässig" waren, einschließlich eines Leiters, der sich regelmäßig die Kante gab.

Im Sommer bereiteten mögliche Waldbrände besondere Sorgen. Die Fabrik würde geschlossen werden müssen. All diese Themen wechselten hin und her, während wir zuhörten und versuchten, um des Überlebens willen, über das alles hinwegzukommen.

Meine Mutter las und strickte ohne Ende, und ich ging fischen, ging auf Stelzen, las Little Lulu-, Superman- und Mickey Mouse-Comics und tauchte in die Welt der Kameras ein. Wir waren Überlebende, ständig in Bewegung, und wir blieben nie zu lange am selben Ort, weil es uns sonst zu schwer fallen würde, wieder die Flucht zu ergreifen. Das Band, das Muttern und Vatern zusammenhielt (aber nie, soweit ich mich erinnern kann, sie zum Umarmen bewog), war der Holocaust. Wenn mich heute jemand nach meinem Hintergrund fragt, wird meine Antwort „Der Holocaust" sein.

Das ist mein ganzes Wesen: ein übriggebliebenes Denkmal „jener Tage". Doch jedesmal, wenn ich an deutsche Verlage geschrieben habe über die Hunderte von Seiten, die Vater über „jene Zeit" hinterlassen hat, lautet die übliche, höfliche und höchst korrekte Antwort aus Berlin oder Bonn: „Herzlicher Dank, Herr…, aber heutzutage gibt es kein Interesse an ‚jenen Zeiten'." Dito mit der jüdischen Presse: „Jüdische Geschichten" strömen nur so auf sie herein. Wer will sie sich schon anhören? Spielberg etwa? Ich habe auch das versucht. Ich bekomme dann einen sehr höflichen Brief (ohne Unterschrift, um des rechtlichen Schutzes willen), demzufolge unaufgefordert eingesandtes Material nicht gelesen werden kann. Es muss über einen anerkannten Vermittler eingereicht werden. Einen Vermittler finden? Na versuch's mal! Es ist leichter, die Lotterie zu gewinnen! Und doch habe ich mal an einem Oskarabend einen Regisseur die Allgemeinheit dazu auffordern gehört, Skripte einzuschicken, weil die Elite in Wilshire Blvd. von Hinz und Kunz mehr hören will. Na klar!

Vor der Computerära hätte ein Autor die Möglichkeit gehabt, die Verlagswelt direkt zu erreichen, indem er seinen Text von Hand oder auf einer Schreibmaschine verfasste. Heute müssen Einsendungen elektronisch abgefasst sein und werden durch so viele Instanzen gefiltert, dass die Demokratie diejenige ist, die sehr darunter leidet, und zwar umso mehr, je weiter sich die Technik entwickelt.

Und hier bin ich: Ich gehe durch das Haus meiner Kindheit in Gibsons mit all seinen Geistern und nichts ist deutlicher geworden, als dass eine Kluft entstanden ist zwischen der Realität und der – virtuellen Realität. Form und Korrektheit – die Überlegenheit, die es in der Nazizeit gab, erhebt heute wieder ihr hässliches Haupt mithilfe des Dogmas der Technik.

Ich war noch nie um Wortspiele und Vergleiche verlegen. Woher Wörter und ihre Doppeldeutigkeiten entspringen, ist schwer zu sagen. Vielleicht spielte dabei der deutschspanische Kokon zusammen mit dem Schock, mit sechs ins Englische als aufgezwungene Zweitsprache hineingeworfen zu werden, eine Rolle. Meine Mutter sprach die ganze Zeit fließend Deutsch, Spanisch und Englisch und konnte auch ein wenig Französisch. Nach Bolivien sprach Vater hingegen nie wieder ein Wort Spanisch. Zwar konnte man in Mutters Englisch noch einen leichten Berliner Akzent hören, dieser wurde aber immer schwerer zu erkennen, als die Jahre in Kanada vergingen. Bei Vater gab es hingegen keine Chance: Sein deutscher Akzent war so breit, dass Henry Kissinger dagegen wie ein Oxfordprofessor klang! Er konnte zum Beispiel „266" nicht auf Englisch sagen: Es klang wie „two, sex, sex". Hin und wieder hatte man, wenn man ihn reden hörte, recht Mühe, nicht in Gelächter auszubrechen. Vater wusste den Humor zu schätzen, wenn man ihn darauf aufmerksam machte. Er lief rot an und es war köstlich, ihn unter Keuchen und völligem Verlust aller Selbstbeherrschung loslachen zu hören.

Das Leben in Bolivien war eigentlich recht gut gewesen. Es war eines der wenigen Länder, die in den Hitlerjahren immer noch Juden annahmen, ohne es ihnen zur Bedingung zu machen, dass sie sich zunächst zum Christentum bekehren mussten. Das ist zumindest, was mir mein Vater erzählte. Er und Mutter waren in der Mitte von 1940 in Sucre, Bolivien, angekommen. Dort, mehr als 3000 Meter über dem Meeresspiegel, nahe bei der Zinngrube von Potosí, wurde eine Gemeinschaft von etwa tausend vom Winde des Holocaust verwehten Juden zu einer Gruppe kreativer Überlebender, was viele ihrer Kinder bis heute noch sind. Im Geiste der Unparteilichkeit und Gleichheit nahm Bolivien auch Nazisympathisanten in seine gastfreundlichen Arme auf. Diese Gruppen heckten Pläne für die Lösung der „jüdischen Frage" aus, wenn Hitler, wie sie hofften, den Krieg gewinnen würde.

In mancherlei Hinsicht lebten wir in einer Art neurotischem Frieden durch die Aufnahmen von Elizabeth Schwartzkopf, der großen deutschen Sopranistin, hindurch. Andererseits erinnerten wir uns an Marlene Dietrich, die in die Staaten gekommen war und in ihrer nichtjüdischen Art vieles von dem versinnbildlicht hatte, was meine Eltern am deutschsprachigen Europa hassten. Welch ein Gemisch, welch ein Chaos, welch ein Widerspruch! Es war diese Mischung aus zwei sie gleichzeitig aufstützenden Kräften, die meinen Eltern die wacklige Grundlage bot, auf der sie standen. Durch das Legen der Fundamente kam dennoch ein Haushalt zustande, der mich an eine jüdische Familie erinnerte, die ebenfalls nach Bolivien gekommen war und am Rande des Amazonasurwalds lebte.

Es waren die Grossbergs, die später nach Edmonton, Alberta (Kanada), zogen. Wir waren auf einem der Fähren, die von

Vancouver zum Hafen von Victoria[3] fuhren. Wie Vater sie aus dem Dschungel kannte, weiß ich nicht. Doch ausgerechnet da waren sie, auf dem Deck der „Princess of Victoria"! Nun waren auch sie dabei, nach Kanada einzuwandern! Die Grossbergs hatten in jenem Urwaldbereich in Bolivien auf Pfahlbauten gewohnt. Später würden wir sie in Edmonton besuchen, indem wir den Zug von Vancouver nahmen. Beide Eltern sind heute verstorben; der eine Sohn ist jetzt Psychiater, der andere Professor für Fremdsprachen. Sie zogen ihre Kinder in einem traditionellen jüdischen Milieu groß, das so viel anders war als die Stützen über den Mooren, die die Kinder des Holocaust forttreiben und hochhalten. Wir arbeiten immer noch sehr hart daran, über all die Gedankenspielchen hinauszugelangen, die manchmal zum Überleben notwendig sind.

Als Lehrer erlebte ich mal, wie am Tag der Erinnerung die Feierlichkeit – versehen mit dem ganzen üblichen Drumherum an Friedenstauben aus Papier, Blumen, Gedicht und Gesang – gestört wurde. Ein medaillenbehängter Veteran wurde, während er zu den Schülern sprach, von seinen Erinnerungen eingeholt und von seinen Gefühlen überwältigt; plötzlich brach seine Stimme und Tränen begannen zu fließen. Das gehörte nicht zum Programm! Einige Leute grinsten und lachten. Bei der nächsten Lehrkörperversammlung

---

[3] Die Hauptstadt von British Columbia, auf Vancouver Island gelegen, der großen Insel, die Vancouver vorgelagert ist.

wurde vorgeschlagen, das Programm zu ändern, damit sich nie wieder etwas so Peinliches wiederhole. Wir nickten dem zu – mich selbst leider mit eingeschlossen. Es wäre auf wenig Gegenliebe gestoßen, hätte ich zu bedenken gegeben, dass die ungeplanten Tränen genau das waren, worum es beim Tag der Erinnerung gehen sollte. An letzter Stelle auf dem Versammlungsplan standen Dinge wie Kopierpapier und Finanzen. Das würde die nächsten fünfzehn Minuten in Anspruch nehmen, bevor wir endlich einpacken und nach Hause gehen konnten. Es gab nun mal Prioritäten!

Im Gibsons der 1950ern war unserer Elterngeneration der Krieg noch frisch in Erinnerung. Die Kinder waren noch näher an der Realität jener Jahre, dem Blut, dem Schweiß und den Tränen. Auch diejenigen mit selbstzugefügten Tattoos, hochgekrempelten Krägen und schneidenden James Dean- und Elvissprüchen im Munde konnten es noch mitfühlen und verstehen, wenn ein Veteran bei einer Versammlung zu schluchzen anfing; es war ihnen in keiner Weise „peinlich"!

Gibsons bringt viele Erinnerungen mit – traurige, freudige und alles dazwischen. Sie reden zu mir von den Planken auf dem Staatskai und von den übriggebliebenen Spuren von Sägemehl an dem Ort, wo das alte Sägewerk einst stand. Unsere erste Mietwohnung unten bei den Landungsbrücken ist immer noch da! Wenn ich auf die Bäume schaue, die sich langsam bewegen und nie verändern, die sich hin- und herbiegen und die Inseln einrahmen, kann ich Muttern und Vatern fühlen, die sagen: „Erinnerst Du dich noch…?"

Gibsons, B.C.,
Weihnachten 1956

Mein lieber Danny,

Du bist 12 Jahre alt und ich 66! Oft, am Abend vor dem Schlafengehen, kommst Du zu mir und sagst: "Papi, frag mich was." Und dann frage ich Dich, wie es in der Schule war, wie Dir Dein Lehrer gefällt und wie Deine Klassenkameraden sind oder wie Du die Menschen des Dorfes, in dem wir leben, beurteilst.

Oft verblüffen mich Deine Antworten – so sehr treffen sie den Nagel an den Kopf – und ich beginne dann zu begreifen, dass Du gar kein kleiner Junge mehr bist, sondern unheimlich reif geworden. Dann denke ich, was ich wohl für Dich tun könnte, um Dein Leben bunt und warm und glücklich zu gestalten.

Manches Mal, wenn am nächsten Tage schulfrei ist und Du lange schlafen kannst, kommst Du für eine Weile in mein Bett und fragst mich über mein Leben aus. Dann lauschst Du ganz still, bis ich an Deinen Atemzügen merke, dass Du eingeschlafen bist. Dann decke ich Dich gut zu, und in Gedanken erzähle ich Dir weiter… Vielleicht sollte ich Dir mein ganzes Leben erzählen! Manches daraus könnte Dir nützlich sein. Vielleicht sagst Du später: "Papi, erzähle mir

1

was", wenn ich gar nicht mehr da bin. Aber auch dann möchte ich „da" sein, also erzähle ich Dir vieles sozusagen im Voraus... für später...

Ich habe nicht vergessen, was Du mir sagtest, einmal, als ich über meine Jugend zu Dir sprach: „Papi, das interessiert mich nicht so sehr, das war so in den alten Zeiten, aber heute gilt das nicht mehr." Ich weiß, ich bin von „gestern" und Du von „morgen". So will ich Dir – für später – auch nichts von Landschaft, Liebe, Hass und Geschäften erzählen, sondern Dir nur ein Skizzenbuch meines Lebens zeichnen. Die Menschen sind die Skizzen – manche sehr blass, manche wie Runen in mein Leben eingeschrieben, aber alle zusammen ergeben ein Bild – wie es war – oder – besser – wie es mir erschien...

War es schön? War es schlecht? Bevor ein Mensch da ist, ist das nichts; wenn ein Mensch dahingeht, ist das nichts. Solange ein Mensch da ist, lebt, ist es Leben, einmaliges Leben, und das allein schon ist wie ein Wunder, ist wunderschön...

Mein Vater – also Dein Großvater väterlicherseits – wurde 1854 in Skaudvile in Russisch Litauen geboren. Über seine Eltern weiß ich nichts, nicht einmal die Namen. Mein Vater wanderte mit etwa 20 Jahren nach Königsberg in Ostpreußen aus und erlernte dort das Holzgeschäft.

Als er 27 Jahre alt war, verdiente er als Angestellter genug und ließ seine Braut nachkommen und heiratete; er war 7 Jahre mit ihr verlobt gewesen. Mit etwa 30 machte er sich selbständig und gründete die Firma Propp & Winsber in Königsberg/Pr mit einem Sägewerk am Memelstrom bei Tilsit. 1898 machte er Bankrott, mit etwa 1,5 Millionen Mark Schulden; der Vergleich wurde auf der Grundlage von 30% geschlossen. Vater wurde dann Agent. Sein Selbstbewusstsein war durch den Konkurs gebrochen und Agent zu sein schien ihm unter seiner Würde zu sein. Er versuchte sich wieder in eigenen Geschäften und ging 1908 wieder in einen Vergleich seiner Schulden mit 30%. 1903 war er krank geworden – herz- und nierenkrank – und starb 1908.

Er wurde am 19. April 1908 beerdigt. Es war an einem Ostersonntag. Ein fast unabsehbarer Zug von Menschen folgte seinem Sarg. Jahre später noch wurden Stimmen warm und Augen feucht, wenn mir fremde Menschen von ihm sprachen. Mein Vater war von Natur aus ein freundlicher, oft lustiger Mann. Nie sah ich ihn ein Buch lesen, aber er hatte immer einen Scherz bei der Hand. Er war mittelgroß, schlank, immer gut gekleidet und sah gut aus.

Meine Mutter – also Deine Großmutter – wurde 1860 in Tauroggen geboren. Sie lernte meinen Vater auf einer Hochzeit kennen; beide waren noch halbe Kinder, und warteten viele Jahre aufeinander. Die Mutter stammte aus einer angesehenen Familie, die eine Gerberei in Tauroggen hatte. Die

Brüder meiner Mutter waren sehr gegen die Heirat mit meinem Vater, der nichts hatte und aus einfacher Familie war. Der Ehe entstammten 4 Kinder: zwei Brüder und eine Schwester von mir. Meine Mutter war weder lustig, noch schön, noch freundlich. Sie sparte jeden Pfennig, brauchte nichts für sich selbst und lebte nur für Mann und Kinder. In den Zeiten, als mein Vater seinen Verpflichtungen nicht nachkommen konnte und vielen Menschen Geld schuldig blieb, schämte sie sich die Augen aus dem Kopf. Sie ging dann mit ihren Kindern in abgelegene Gärten und Ausflugsorte – weit weg von der Stadt. Sie trug nie Schmuck und bewahrte die Geschenke, die ihr mein Vater in guten Zeiten brachte, in einer Schublade auf und zahlte davon Miete und Schulgelder in schlechten Zeiten.

Sie starb mit 59; ihrem Sarge folgten nur wenige Menschen.

Ich habe ein seltsames Wort von ihr in meinem Gedächtnis: Ein paar Wochen vor ihrem plötzlichen Tod fragte ich sie über meinen Vater. Sie sagte: „Wenn mir Gott die Wahl gäbe, meinen Max zurückzubekommen und ihm dafür meine 4 Kinder zu geben – ich würde nicht einen Augenblick zögern und sagen: Gib mir meinen Max zurück." Damals war mein Vater schon 11 Jahre tot.

Das Elternhaus war schmucklos; nicht warm, nicht kalt. Vater hatte es schwer, den Unterhalt für die Familie zu verdienen. Mutter hatte es schwer, die Kinder zu kleiden und zu füttern und das Haus in Ordnung zu halten.

Es war ein Haus der Pflichten. Tagsüber Schule und Hausarbeiten für die Schule, essen, trinken, schlafen und mal ein Buch aus der Schulbibliothek. Sehr selten einmal Theater, oben in der Galerie; dreimal in meinem Leben zu Lebzeiten meiner Eltern ein Theaterbesuch. Ich trug die alten Kleider meiner Brüder und für die Schule ihre alten Bücher; nur neue Schuhe bekam ich nicht, weil ich einen zu großen Fuß hatte. Das Essen war einfach und eine Apfelsine wurde in 6 Teile geteilt, für die 6 Münder. Obstsuppen zu Mittag erschienen wieder am Abend, mit mehr Wasser darin. An Geschenken bekam ich einmal von meinem Vater einen Gummikopf des italienischen Königs Hubert und eine Patronenkapsel für Federn, Bleistift und Messer, und einmal drei Mark, als ich in Cranz war. Von meiner Mutter bekam ich zu meinem neunjährigen Geburtstag ein Messer – ich sehe noch genau die Farbe der Emaille – und sonst an jedem Geburtstag eine kleine Tafel Schokolade. Von meinem Vater erhielt ich nie einen Brief oder eine Postkarte, wenn er auf Reisen war; von meiner Mutter ein paar Briefe mit Belegen und Ermahnungen.

Ich kann mich nicht erinnern, dass jemals über Politik, Bücher oder Geschäft gesprochen wurde.

Es war ein sehr sauberes Haus. Lene, meine Schwester, erzählte mal mit 15 Jahren am Mittagstisch einen Witz, den sie in der Schule gehört hatte, der irgendwie nicht sehr sauber war. Ich erinnere mich noch, wie vor Schreck alle beim Essen die Bestecke hinlegten und Lene weinend aufsprang und aus dem Zimmer lief. Wir Geschwister hatten keine intimen Beziehungen untereinander, noch bestanden solche zwischen uns und den Eltern. Jeder ging seinen Weg; aber wir entbehrten die Wärme nicht. Es war der way of life zu jener Zeit und Wärme galt als undeutsch, als weibisch. Ich kann mich nicht erinnern, jemals von Vater oder Mutter geküsst worden zu sein; von Mutter nicht einmal, als ich in den Krieg ging. „Tut Eure Pflicht!" sagte sie zu uns Brüdern und ging nicht einmal zur Bahn mit.

Doch war das alles mehr der äußere Rahmen. Innerlich lebten Vater und Mutter wunderbar zusammen, obwohl auch bei ihnen nie eine Zärtlichkeit vor ihren Kindern vorkam; und die Kinder waren der Inhalt ihres Lebens.

Trotzdem war es ein trockenes, kühles Leben, im Ablauf von Pflichten, und ein tägliches Allerlei, ohne Blumen, Märchen, Musik, Fantasie und Zärtlichkeiten. Es war auch kein jüdisches Haus: Es war das Leben einer typisch deutschen Mittelstandsfamilie, schmucklos, reizlos, aber ordentlich.

Von 1896 bis 1906 ging ich ins Altstädtische Gymnasium in Königsberg. Es war kein Vergnügen. Das Gebäude sah außen und innen so aus wie eine preußische Kaserne (ein vergilbter roter Ziegelbau), eingebettet in uralte Speicher und kleine, halb verfallene Giebelhäuser. Die Erholungspunkte für die eingesperrten Schüleraugen waren der Blick auf eine Feuerwache, auf deren Leitern Feuerwehrleute übten, und der 200jährige altstädtische Gemeindegarten mit seinen grünen Bäumen.

Die Lehrer, meist Reserveoffiziere, waren für die Kinder, die eben erst aus dem weichen Pfuhl von Mutter ins sogenannte Leben traten, mehr als der Vater und nur etwas weniger als der liebe Gott. Wohl belegten wir viele der Lehrer mit Spitznamen, aber sonst kam niemand auf die Idee, an ihrer Unfehlbarkeit, ihrem Wissen, ihrer persönlichen Unantastbarkeit und Beispielhaftigkeit zu zweifeln.

Der Eindruck der Lehrer ist unverlöschbar. Noch nach 50 Jahren könnte ich jeden von ihnen malen, sogar die Hüte und die Kleider, die sie trugen. Auf der Nona war der Lehrer Assmann. Jung, stramm, eben erst aus dem Lehrerseminar gekommen, in der Hand stets einen gelben Rohrstock, oben wie ein Schwertgriff zusammengebogen. Ich erinnere mich noch genau, wie so eine Kinderhand brannte.

Auf der Octava war Lehrer Klein: ein Mann mittleren Alters, sehr gut gekleidet, der uns Schönschreiben beibrachte.

Im Klassenzimmer hing ein großer Buntdruck (Erntewagen kommen zur Scheune, beladen mit Korn und Heu) und ober drauf Erntemädels und Männer mit Heugabeln. Das ist das einzige Bild, das ich je in der Schule in den Klassenräumen sah. Nur in der Aula gab es noch Bilder. Der Zeichenlehrer Dörstling hatte sie gemalt: griechische Wettkämpfe.

Auf der Septima war Lehrer Riechert, ein kleines altes Männchen, das dauernd Schnupftabak schnupfte und dessen Augen tränten. Von ihm weiß ich nichts, nur dass er das letzte Jahr unterrichtete und mit einem Verdienstorden das Schulzeitliche segnete.

Auf der Sexta war Professor Karschuk, unser Klassenlehrer. Er gab Französisch, hatte viele Jahre in Frankreich gelebt und war so behend, schmuck und adrett wie ein Franzose.

Auf der Quinta war Professor Vogel unser Lehrer. Er sah aus und gab sich auch so wie ein Kleinbauer, mit gutem Humor. Er unterrichtete Naturgeschichte. Er war selbst ein Stück Natur und konnte nicht unterrichten. Bevor er Zeugnisse gab, musste jeder Schüler sich selbst einschätzen. „Ich glaube, ich habe eine 2 verdient,‘ sagte ich zu ihm. „Kork,“ – so nannte er mich – „eine 5 hast Du verdient, eine 4 werde ich Dir geben und eine 2 willst Du haben. Wenn Du nicht mal an Größenwahn stirbst…“

„Kinder,“ rief er zuweilen, „niemand hat was gelernt, warum ärgert ihr mich – und gerade heute, wo Mutter mir mein

Leibgericht versprochen hat: Schweinefüße mit Sauerkohl."
Er schleppte zu jeder Naturkundestunde einen Haufen erd-
behafteter Blätter, Wurzeln und Blumen aufs Katheder und
sah dann aus wie ein Kleingemüsehändler. Mit diesen Ob-
jekten beschäftigte er sich während der Stunde und vergaß
seine Schüler.

Auf der Quarta war Professor Ivanovius. Er hatte einen dicken Hängebauch, der aus seinen Hosen schlotterte, Kleider, die jede Berührung mit einem Plätteisen abgelehnt hatten, und nur einen Anzug. Einen Mantel – glaube ich – hatte er nicht. Er war unser Hans Christian Andersen. Er reiste
und – weil ohne Geld – immer nur auf der Landkarte, aber
nur im Frühling oder Sommer. Und obwohl er nie etwas in
seiner altertümlichen Geldtasche hatte, nahm er alle, die in
seinem Bereich waren, auf seine Reisen mit.

Wenn er reiste, vergaßen wir, wo wir waren, nicht nur wir
Schüler, auch die Lehrer im Konferenzzimmer. Die kamen
dann manches Mal eine Viertelstunde zu spät in die Klasse
und sagten einfach: „Wir konnten nicht früher kommen:
Kollege Ivanovius erzählte…" Er erinnerte etwas an den
Professor im „Blauen Engel". In einer Kneipe mit Damen-
bedienung traf er dort einen seiner mehr erwachsenen Schüler, lud ihn zu sich an seinen Tisch ein und bezahlte für ihn.
Lehr (ein baumlanger Klassenkamerad) erzählte mir: „Also,
wer war da? Unser Professor! Ich wollte rasch fort, aber da
sah er mich schon und sagte: ‚Hör mal, mein Sohn: natür-

9

lich ist ein Lokal, in dem Dein Lehrer verkehrt, ein hochanständiges Lokal, aber wenn ich Dich noch einmal hier antreffe, fliegst Du aus der Schule. Nun aber, für heute Nacht bist Du mein Gast, denn natürlich hast Du Dich nur hierher verirrt, weil Du – dessen bin ich sicher – Deinen Hausschlüssel vergessen hast und bei dem Regen irgendwo unterkommen musstest."

Als er als Hauptmann seine Kompanie den Schlossberg hinaufführte, glitt er mit seinem dicken Bauch aus. Die Mädels, gerade aus seiner Schule kommend, lachten. „Meine hochverehrten Damen," rief er, „ich hoffe, dass Sie so in Ehren dick werden wie ich!"

Als er, alt und wahrscheinlich syphiliskrank, sich verabschiedete, sagte er: „Ich hoffe, ich habe Euch mit meinem Leben ein unvergessliches Beispiel gegeben, wie man nicht leben soll." Ein paar Jahre später sah ich ihn mit dem weißhaarigen Professor Mollman in der Herbstsonne unter dem bunten Laub des Kleistparks sitzen. Er hielt meine Hände und sagte: „Wie schön, wie herrlich ist doch dieser bunte sonnige Herbst – der letzte meines Lebens!"

Er starb im Frühjahr. Wenn der Frühling kommt und ich die Fenster öffne, fällt mir sein Lieblingswort nach 50 Jahren ein: „Die Fenster auf, die Herzen auf, geschwinde, geschwinde…"

Professor Loch war wie der Sekretär Wurm in „Kabale und Liebe": Er wirkte wie ein Schleicher, hatte die Bewegungen einer Katze. Er war ein Streber, so wurde er auch später ein großes Tier im Schulwesen. Was er unterrichtete, weiß ich nicht mehr; er hatte nicht einmal einen Spitznamen. In der Hitlerzeit wohnte er im Nachbarhaus. Damals überraschte er mich. Sein Enkel rief durch den Zaun zu Macki, meinem Sohn, „Judenjunge". Loch schlug seinem Enkel hinter die Ohren, kam mit ihm zu Macki und sein Enkel musste um Entschuldigung bitten.

Professor Friedländer hatte den Spitznamen „die Suse", und genau das war er. Er hatte kein Mark in den Knochen: leise Stimme, leises Gehen, ein ewiges Lächeln um seine Lippen. Vielleicht lag das daran, dass er von Juden stammte. Eine unter Lächeln und Zurückhaltung verborgene chronische Unsicherheit. Ich kann mich nicht erinnern, was er unterrichtete. Ich las in einer Ostpreußenzeitung, dass er in Berlin neben den Gräbern der Brüder Grimm ruht. Aber sonst war er allem Märchenhaften fern...

Rosikat, Professor Rosikat, dagegen war wie ein imposanter Marmorblock, sehr erdhaft, mit Händen und Füßen auf der Erde, mitten im Wirklichen – und doch brachte er uns Schüler auf der Sekunda den Sternen und dem Zeitlosen nahe. Er hatte eine Stirn wie von einem Bildhauer à la Rodin gehauen, eine Ausdrucksweise wie die einer Fischmarktfrau, eine Weite des Wissens und der Weisheit wie ein

11

Goetheaner; er war auch der Präsident des Goethebundes. Uns Sekundaner, also die Schüler seiner Klasse, behandelte er mit Verachtung, mit Abscheu: „Setzt Euch, Scheißständer," sagte er, wenn er in die Klasse kam; „die Fenster auf: Ich habe den Gestank dieser Klasse vom Kollegen Gassner chemisch untersuchen lassen: Er ist zu 50% physisch und zu 50% moralisch."

Und doch – welch ein wunderbarer Lehrer! Er brachte uns zum ersten Male – und er allein – in der ganzen Schulzeit den Geist der Antike und ebenso der deutschen Literatur nahe, mit ein paar Strichen, die unvergesslich sind. Immer wenn der Frühling kommt und ich durch den Wald gehe, muss ich an ihn denken. „Wenn Ihr mal mitten im Frühling um die Ecke aus dem Walde ein altes zahnloses Weib plötzlich auf Euch zukommen seht, denn werdet Ihr zu Stein werden – dann habt Ihr den Sinn des Hauptes der Gorgo erfasst!"

Gassner gab uns Geometrie und Arithmetik, mit einer Exaktheit und Klarheit, dass der Dümmste begreifen musste: ein geborener Lehrer. Mit mir hatte er Pech: Ich begriff nichts und Geometrie blieb mir ein Rätsel. Viele, viele Jahre später, wenn ich ihm begegnete, sagte er immer dasselbe zu mir: „Ich habe gehört, dass Sie einen großen Betrieb aufgebaut haben." Und dann sah er mich auch immer mit denselben Augen an: „Wie ist das nur möglich??" Ich verstand das ebenso wenig wie er. Zum ersten Male verstanden wir uns beide, nämlich: DAS verstanden wir beide nicht.

Troje hatte den Spitznamen „der Blubberer“: Er blieb oft unverständlich. Er gab Geographie und manchmal auch Mathematik. Ich war sein bester Schüler in Geographie und sein schlechtester in Mathematik. Das machte ihn nervös, und mich auch. Er war eine Reisender durch die Welt. Künstler, Wissenschaftler, Begleiter des Kaisers, Alpinist, Geograph: eine anregende Persönlichkeit – und eine sehr liebenswerte fantasieerweckende Persönlichkeit.

Es bleibt noch Professor Lehmanns zu gedenken. Er gab Griechisch (er war lange in Griechenland gewesen); ihn habe ich am deutlichsten im Gedächtnis.

Mit seinen ewig gleichen braunen Augen und seinem ewigen hellbraunen steifen, runden Hut.

Ich sah ihn zuletzt einen kleinen Kinderwagen mit Geräten durch die Schrötterstraße schieben. So um 1939. Er hatte dort in der Gegend wohl einen Schrebergarten. Wieder auch da im braunen Anzug. Nun zum Arbeitsanzug wohl degradiert.

Ich kann kaum sagen, was ihn uns allen so sympathisch machte. Ich weiß nicht mal, ob er ein guter Lehrer war. Aber ich weiß, dass er ein guter Mensch war, der seine Schüler im Geheimen liebte. Natürlich konnte er das nicht sagen oder zeigen: Er war ja ein preußischer Oberlehrer und Reserveoffizier. Aber wir fühlten das alle: er hatte ein so offenes, wohlwollendes und doch so männliches Gesicht. Vielleicht war etwas von der griechischen Abgeklärtheit in ihm. Wir

13

nannten ihn „Bull": Er sah etwas bulldoggenmäßig aus, und Bulldoggen sind die gemütlichsten Tiere.

Das also, lieber Danny, waren meine Lehrer. Sie ruhen meist auf den Friedhöfen in der alten Pillauer Landstraße vor den Königsberger Toren. Ich wünschte, ich könnte noch mal nach Königsberg unter den Russen. Ich würde dann meine Lehrer besuchen: Sie leben noch alle in mir und wir könnten uns so gut unterhalten.

Nur mit einem Lehrer kam ich in nähere Berührung: mit Lehrer Assmann. Es war 1922 – im Jahre des Hungers, des Frostes und der wildesten Inflation. „Kennen Sie einen Lehrer Assmann?", fragte mich mein Sachbearbeiter auf dem Finanzamt. „Ich wohne in Königseck 8, und auf der anderen Seite Herr Assmann. Er hat nichts zu heizen, so bleibt er tagsüber im Bett." Ich sandte ihm Brennholz, und er, stolz wie ein Spanier, brachte mir zum Ausgleich eine in jener Zeit sehr kostbare und seltene Flasche Rum.

So wurden wir Freunde und blieben es 15 Jahre. Weihnachten war ich bei ihm. Seine Frau – gelähmt – saß aufrecht und heiter auf ihrem Stuhl vor dem großen Weihnachtsbaum (Assmann brachte sie jeden Morgen aus dem Bett und kleidete sie an, und brachte sie am Abend wieder ins Bett und kleidete sie aus); seine Tochter – unverheiratet, Volksschullehrerin – war mit uns.

Nach dem Essen gingen er und ich in einen Raum nebenan (das war das Zimmer seines einzigen Sohnes Alexander). Dort brannte ein kleineres Weihnachtsbäumchen für ihn. Ich war mit Alexander befreundet gewesen, hatte ihn kurz vor dem Krieg noch gesprochen; er war kurz vor der Priesterweihe. Er war 1914 bei Loviz mit einem Lungenschuss gesehen worden. „Ich gebe die Hoffnung nicht auf," sagte Assmann; „vielleicht hat er nur das Gedächtnis verloren und kommt einmal wieder."

Assmann ging jeden Monatsersten zur Stadtbank und holte sich seine Pension. Dann sprang er rasch herauf zu mir ins Büro. Als seine Frau starb, waren wir beieinander im Krematorium und sprachen über das „Dennoch" der Totenpredigt. Wir verstanden beide, auch ohne es auszusprechen, dass es das Motto unseres Lebens war. Mit 80 bestieg er die Schneekoppe, war Vorturner der Altmännerriege im Männerturnverein, machte täglich bei jedem Wetter seine Übungen im Freiluftlager und studierte nächtlich im Lesezimmer des Gymnasiums die Neuerscheinungen.

Nur einmal kam er auf seinen Spaziergängen auch zu mir in die Kronprinzenstraße, in meine Wohnung. Er sprach mit meiner Frau; er wusste nicht, dass sie geisteskrank war; zuerst glaubte er nicht zu verstehen, dann wurde er unruhig, dann verstand er (ich hatte nicht zu ihm darüber gesprochen). Ich folgte ihm, als er gegangen war; er stand an einem Lichtmast, hielt sich an ihm, und weinte.

15

Es war 1938. Er hatte sich wieder seine Pension geholt und kam mit einem Zeitungsblatt zu mir ins Büro. „Ist es nicht schrecklich, dass Sie nun" und er wies auf das Blatt „nicht mehr Betriebsführer sein können. So haben die paar guten Juden für die vielen schlechten zu leiden." Ich hatte einen plötzlichen brennenden Schmerz in den Nieren, ich war wie gelähmt. Ich muss mich sehr verändert haben. Assmann sah mich bestürzt an. Er reichte mir seine Hand zum Abschied; ich nahm sie nicht. „O Gott o Gott" murmelte er; das waren seine letzten Worte.

Ich sah ihn noch einmal, als ich am Nordbahnhof stand, wie er in seinem schnellen Schritt – aufrecht wie ein Soldat – der Stresemannstraße zu ging. Dies sein Bild, mit dem weißen wehenden Haar, vom Wind nach rückwärts geweht, ist mir in Erinnerung geblieben.

Als ich 1940 nach langer, fast zweiwöchiger Fahrt im Dunkeln auf dem Wege von Liverpool nach Chile nach Hamilton, der Hauptstadt der Bermudainseln, kam, war da wieder eine ganze Stadt am Abend im Licht: fast eine Offenbarung nach all dem Blackout des Krieges. Das muss mich aufgetaut haben, denn ich schrieb einen langen Brief an den Lehrer von der Nona, an Lehrer Assmann, Königsberg/Pr, Königseck 8.

Ob er ihn noch bekommen hat???

Weihnachten: „Stille Nacht, heilige Nacht" – und ich bin – Jude. Tiergarten, Mittwoch: Brode dirigiert, Kapelle spielt. Das Lied tönt auf. „Ich bete an die Macht der Liebe, die sich in Jesu offenbart"… aber ich singe nicht, ich bin Jude…

Vater und Mutter nehmen mich zum ersten Male in die Synagoge. Mir ist sehr feierlich zumute: Ein großer Augenblick im Leben meiner Eltern, und sie sind gerührt.

Ich möchte auch gerne in eine Kirche gehen. Aber ich habe Angst: Sie (so fühle ich) sind mir feindlich.

Neuhäuser mit meinem Bruder. Wie wundervoll dort der Flieder blüht und wie stark er duftet. Die Strandhalle liegt dicht am Meer. Da sitzen wir und sehen, wie die Blitze in die Wellen schlagen. Unsere Pension heißt Balthasar. Wir sind unter den letzten am Tische. Damals erlebte ich die erste Bunte Grütze. Auf dem Platz vor der Stadt-Strandhalle spielen die Kinder der alten Familien, die in Neuhäuser ihre altmodischen Holzvillen und großen Gärten haben.

Niemand fordert uns auf mitzuspielen. Wir sind Juden.

Vater wird krank. Er hustet furchtbar. Der Hausarzt Dr. Elisaasov kommt. „Ein bisschen Erkältung," sagt er, „und Sie werden zu fett. Sie kommen in die Jahre, Sie müssen mehr spazierengehen."

Ein junger Arzt kommt mit der Freundin meiner Mutter, untersucht und sagt: „Sofort zum lieben Gott von Steindamm." Das ist Dr. Frohmann. „Zu spät," sagt der zu Muttern. „Herz und Nieren, nichts mehr zu machen."

5 Jahre Krankheit im Hause, bis der Tod kam.

Meine Einsegnung mit 13. Eine schöne Haftora aus Micha: „Wie schön sind Deine Zelte, o Israel." Ein paar, die gratulieren kamen und alte Bücher und Geschenke ließen. Die Familie stand auf dem großen Balkon des Hauses. Und Benno sagte: „Familie P. wartet auf Gäste."

Benno, Hans und Lene, meine Geschwister, leben jeder für sich. Niemand geht miteinander aus; aber Mutter ist wie eine Henne, die unter ihren Federn Wärme und Zusammenhalt gibt.

Mit 16 bringt mich Vater, schon recht krank, zu einem Bekannten, mit dem er in geschäftlicher Verbindung steht: zu Max Gerschmann (Holz- und Baugeschäft, Sägewerk und Hobelwerk), und sagt: „Denke als Angestellter, das wäre Dein eigenes Geschäft, und handle so."

So endete die Kinder- und Schulzeit.

Lehre, 1906 -1908

Der Dienst begann um 6 Uhr früh. Mittags gab es eine Stunde zum Essen. Dann pfiff die Fabriksirene wieder DIENST. Um sieben Uhr abends war die Post fertig. Um 8 Uhr steckte ich sie in den Postkasten des D. Zuges am Ostbahnhof. Dann war ich frei. Später saß ich in der Volksbibliothek in der Magasistraße und las, oft bis 12.

Der Weg zum Sägewerk war trostlos. Eine enge Gasse, zwischen halb verfallenen Baracken und Stapelplätzen von Steinen, Sand, Kohle, Brennholz und altem Eisen. Das Werk lag am Pregel[4]. Sein Wasser war dunkel und fett. Gegenüber die Wollwäscherei, deren Abflüsse stanken in dem Pregel. Etwas weiter war die Zellstoffabrik, deren Abwässer und Dämpfe nach scharfem Urin rochen.

Inmitten dieser Trostlosigkeit war ein niedriges flaches Holzhaus, in einem kleinen Garten mit Fliederbäumen. Dort gab es zuweilen Weißbier mit Saft, und dazu einen wackligen, verblichenen Flügel. Krebs, ein anderer Lehrling, spielte darauf die Barcarolle.

Das Werk schnitt Tag und Nacht. Rundholz aus Russland. Das kam in langen Triften. Auf dem Werkplatz standen vie-

---

[4] Heute Pregolya or Pregola, der Fluss, der durch Königsberg/Kalinigrad fließt.

le Maschinen: Rammen, Lokomobilen und ähnliches. Max Gerschmann baute auch Brücken, Straßen, Ufermauern, Kirchen und Häuser. Manchmal waren bis zu 100 Mann beschäftigt.

Mein Chef war wie ein Bauer: vierschrötig, krummbeinig, maulfaul und unfreundlich. Er war der Sohn seines Vaters. Ein Erbe. Sein Vater war Stadtrat und hatte das Werk gegründet. Der Sohn – mein Chef – war wenig auf dem Werk. Er segelte in seiner Yacht oder saß beim Stammtisch; im Büro war er nur täglich ein paar Stunden. Aber er war sehr ehrlich: Niemals pries er etwas an, niemals war ein Inserat in der Zeitung; alles war reale Qualität, rau und nüchtern ohne Verpackung.

Geld war niemals da. Er hatte den Maschinenwahn. Was neu war, musste er haben. Er ging nach dem ersten Weltkrieg Konkurs. In der Masse waren 28 Dampframmen.

Weihnachten bildeten wir Spalier, wenn er aus dem Büro ging. Sagten im Chor: „FROHE WEIHNACHT, Herr Gerschmann." „Danke danke," sagte er dann, aber niemals gab er etwas zu Weihnachten wie andere.

Wenn die Wechsel eingelöst werden sollten für die Triften, deren Lieferanten Juden aus Russland waren, schrie er: „Diese verfaulten Juden."

Ich war drei Jahre bei Gerschmann. Als ich nach dem Krieg die alte Firma besuchte (aus alter Anhänglichkeit), kam mein alter Chef durch das Bürozimmer. Ich sprang auf und sagte: „Guten Tag, Herr Gerschmann." „Tag," sagte er und ging weiter. Aber Herr Gerschmann rief Engels, den Prokuristen: „Das ist doch Propp, unser ehemaliger Lehrling." „Ich weiß, ich weiß," sagte der Alte. Das war alles.

Was ich lernte, war nur das, was ich absah und mir selbst beibrachte. Die Benutzung des Rundholzes lernte ich richtig bei Kowalski, dem Vorarbeiter der Rundholzausnutzung. Ich war fünftes Rad an einem großen Wagen, das immer eingespannt wurde, wenn eines von den vier Rädern krank oder nicht da war.

Ich habe manches Mal Kohlenzeichnungen gesehen, ein paar schwarze Striche, die eine Landschaft oder sonst was darstellten. Aber nichts Buntes und trotzdem eine Landschaft. Das war meine Lehrzeit.

1908

Am 15. April starb mein Vater. 54. Meine Mutter blieb mit 4 Kindern; ohne Mittel, aber mit Vaters Schulden. Am 30. April endete meine Zeit bei Gerschmann. Ich war nun „Junger Mann". An diesem Tage erhielt ich mein erstes Gehalt: 6 Goldstücke à 10 Mark. Meine Mutter saß wie verstorben auf dem rötlichen Sofa, sie saß schief für ihren Max. Ich gab ihr 5 Goldstücke à 10 Mark. Mit dem letzten ging ich in einen Blumenladen in der Königsstraße und kaufte einen roten Azaleentopf für 5 Mark. Den buddelte ich auf den gelben Lehmhügel des Grabes ein. Als ich ein paar Tage später wieder bei „Vater" war, waren die roten Blüten gelbbraun: erfroren. Meine Brüder und ich gingen lange Zeit jeden Frühmorgen und jeden Abend nach Sonnenuntergang in die Synagoge. Kaddisch sagen. Für Vater.

Hans, mein Bruder, arbeitet als Holzagent. Mit dem, was er verdiente, unterhielt er die Familie und zahlte in ein paar Jahren alle Schulden von Vater ab.

Meine Lehrfirma Gerschmann hatte mich einer anderen Firma als Sägewerksverwalter empfohlen. Ich war erst 18. Auf dem Bahnhof in Zintern, im November, erwarteten mich meine neuen Chefs. Ein großer, baumstarker Mann mit gutmütigem Gesicht und ein kleiner untersetzter verkniffener Mann. Als ich mich ihnen vorstellte, kamen sie außer Haltung. Sie sahen sich einander an und wussten nichts, was sie tun sollten. Ich verstand sofort. Gerschmann hatte mich warm empfohlen. Gerschmann war eine alte angesehene konservative Firma, und mein Name war nicht jüdisch. Er hatte aber nicht gesagt, dass ich jüdisch sei.

Das Sägewerk war auf dem Grund von Herrn v. Restorff-Schwengels; die Kunden waren Bauern und Offiziere; Matzkuhn war der Vertrauensmann der Konservativen Partei, Rosenbau der andere; er war Kirchenvorstand. Ich selbst hatte nie – nicht vorher, nicht nachher – gehört, dass ein Mann aus jüdischer Familie auf ein Landsägewerk als Verwalter geht.

Rosenbaum und Matzkuhn gingen zur Seite, berieten, zuckten die Achseln und fuhren wortlos mit mir zu einem kleinen Insthaus[5] nicht weit vom Sägewerk. Dort war Quartier und Verpflegung für mich abgemacht.

Der Winter 1908/9 war eisig kalt. Die Landschaft unter tiefem Schnee. Das Werk lag in einem Wald, den Rosenbaum und Matzkuhn zum Abschlag gekauft hatten. Ich hatte 8 Mann, zwei Pferde und schnitt auf einem Gatter mit dem Antrieb einer alten Lokomobile Holz für die Bauern und Güter in der Umgegend und Waggonhölzer für den Westen.

---

[5] Miethaus.

23

Ich arbeitete 14 Stunden am Tage, immer im Freien; bald waren Nase, Hände, Füße, Ohren angefroren. In dem niedrigen dunklen Zimmer des Insthauses war oft am Morgen das Wasser in der Waschschüssel zu Eis gefroren. Meine Verpflegung bestand in Schweinefleisch. Täglich etwas Anderes aus Schwein.

Aust, der das Insthaus gepachtet hatte, war 12 Jahre bei der Garde Potsdam gewesen. Seine Frau war dünn und geizig. Sie sah aus wie eine Vogelscheuche. Nur langsam tauten sie mir gegenüber auf. „Wahrscheinlich wissen Sie nichts darüber, aber für mich ist es keine Frage, dass Juden (die frommen, die mit Backenbärten) vor Ostern kleine Christenkinder schlachten."

Im Frühling und Sommer war es schön. Der Garten um das Insthaus blühte weiß, und ein alter Lindenbaum war von Bienen umschwärmt. Unter diesem Lindenbaum war ein Tisch, und unter der Petroleumlampe saß ich oft bis tief in die Nächte und las. Damals war der Heißhunger nach Erkenntnis, war auch ich wie viele in jener Zeit ein Wahrheitssucher. Damals las ich griechische Dramen, Kant, Ibsen, Hermann Hesse, Achad Aham, Herzl, Goethe und was mir in die Finger kam.

Nach einem halben Jahr hatte ich mich eingewöhnt. Die Arbeit war hart, aber jeder arbeitete hart. Die Menschen waren etwas rau, aber offen und meist zuverlässig. Das Beste war, dass ich unabhängig war: Nach kurzer Zeit kam weder Matzkuhn noch Rosenbaum mich kontrollieren. Ich hatte das Bewusstsein, etwas zu leisten, und bekam fast so wie ein Gefühl der Zusammengehörigkeit mit den Menschen des flachen Landes.

Mutter kam mich einmal besuchen. Es war im Sommer; ich besorgte einen roten Plüsch-Halbwagen, spannte unsere Pferde vor und ging so stolz mit ihr in mein Zimmer im Insthaus, das ich geschmückt hatte und an dessen Wänden ich Bilder aus der JUGEND und verschiedene Monatshefte geheftet hatte. Ich nahm an, sie würde stolz auf mich sein. Aber sie, die ich niemals weinen gesehen hatte, begann zu weinen und ich hörte, wie sie zu sich selbst sagte: „So ist es, wenn einer nicht für seine Kinder sorgt."

1909 ging ich mein Einjähriges Jahr abzudienen. Ich war bei den 3. Grenadieren angenommen. Als ich zu Matzkuhn fuhr – er wohnte etwa 3 Meilen vom Werk – mit der Schlussabrechnung, meinte er: „Schreiben Sie sich selbst Ihr Zeugnis aus, ich unterschreibe alles." „Was die Abrechnung betrifft," sagte ich zu ihm, „da fällt mir meine Mutter ein. Als ich zu Ihnen in Stellung kam, sagte sie mir als Abschied vom Elternhaus: ,Mein Sohn, versprich mir, wenn Du mal Geld in Deinen Vesten oder Hosentaschen findest und nicht genau weißt, ob Sie Dir oder dem Geschäft gehören, lege sie in die Geschäftskasse.' Nun, Herr Matzkuhn, hier ist die Abrechnung, es sind über 40'000 Mark, alles belegt und in Ordnung – aber ich habe 160 Mark mehr. Sie wissen, wie hastig ich oft arbeiten musste, ich bin überzeugt, sie gehören mir und nicht Ihnen –?" „Geben sie her," sagte er, „wo sind die 160?"

Ein paar Erinnerungen aus dieser Zeit

Aust fuhr mit mir in seinem Schlitten über verschneite blauweiße Felder in der Nacht seine Frau abholen. Wir waren bei dem Ziegeleiverwalter des Grafen Schwerin. In einer Ecke des rauchverdunkelten Zimmers mit Groggeruch saß ein alter zahnloser Mann. Er erzählte mir, dass er als Kind von seinem Vater nach Pr. Eylau mitgenommen wurde und von Vaters Schultern aus Napoleon sah.

Er erzählte mir auch, wie es damals in Ostpreußen nach 1913 aussah. Nichts zu essen, nichts zu trinken, nichts zu kleiden und keine Schuhe.

Aust, der 12 Jahre gedient hatte, und Herr v. Restorff, der Pachtherr – wenn Herr v. R. in seiner Kutsche vorbeifuhr, sprang Aust aus dem Haus, machte eine stramme Haltung, wie ein Rekrut, Hut in der Hand: „Jawohl, Herr Baron, wie Herr Baron befehlen." Dabei war er ein einfacher ‚von'. Nada mas.

Als ich eines Morgens mit dem 5-Uhr-Morgenzug von Königsberg nach Zinten-Schwengels abfahren wollte, entdeckte ich im letzten Augenblick, dass ich kein Geld hatte. Im Vorraum des Ostbahnhofs war eine Polizeiwache von zwei alten Polizeiwachmeistern, die natürlich so früh schliefen. Ich rüttelte sie aus dem Schlaf und erklärte ihnen aufgeregt, dass meine Mannschaft in Schwengels auf mich wartet, und pumpte sie um 5 Mark an. Und bekam sie.

Wie immer schlug der Pendel auch in meinem Falle von einem Extrem ins andere. Rosenbaum und Matzkuhn hätten mich nie angestellt, wenn sie vorher gewusst hätten, dass ich Jude bin. Nach meiner Dienstzeit bei der Armee bat Rosenbaum mich, sein Werk bei Plutwinnen zu verwalten. Was ich annahm. 15 Jahre später bat Matzkuhn, dass seine Tochter zu mir in die Lehre käme – was ich annahm. Um dieselbe Zeit kam mein Schneidemüller Müller aus Augam zu mir und machte mir einen Vorschlag: alles Schnittholz, das er auf seiner Mühle erzeugte, zu kaufen und die Preise für das Material je nach der Marktlage selbst zu bestimmen. Was ich ebenfalls annahm.

Unter den Soldaten

Als ich 9 war, kam der Kaiser nach Königsberg auf Besuch. Am Bahnhof war ein Triumphbogen aus bemaltem Holz errichtet. An der Spitze des kaiserlichen Einzugs ritt der Polizeipräsident. Ich habe noch seinen Namen behalten: von Kannenwurf. Der Kaiser in weißer Kurassieruniform mit dem silbernen Adlerhelm ritt langsam auf einem schönen Pferd durch den Triumphbogen. Am anderen Tage war Truppenparade in Denvau. Ich kam als 9jähriger nur bis Kalthof; dann war gesperrt. Aber ich hörte die Fanfaren und die Trompetenmusik. Ich war wie beschwipst in meinem Kinderherzen.

Ich glaube, ich war 11, als die 200-Jahresfeier der Königskrönung der Hohenzollern in Königsberg war. Fahnen, Lichter, Feuerwerk, festliche Menschenmengen.

Als ich 19 war, wurde ich Einjährig-Freiwilliger in dem zweitältesten preußischen Regiment, den 3. Grenadieren. Der Chef dieses Regiments war der Kaiser selbst.

Er kam, eine Woche nachdem ich Soldat geworden war, auf Besuch. Militärmusik, wir in Grenadier-Extrauniform mit weißen Federbüschen, die Generäle in Schärpen und bunten Uniformen, mit klingenden Orden. Unser Ausbildungsoffizier Schlickert hatte tags zuvor mit uns geübt. „Also ich bin Seine Majestät und Ihr krummen Hunde seid die 3. Grenadiere. Also ich seine Majestät begrüße Euch („Guten Morgen, 3. Grenadiere') und Ihr antwortet: ‚Guten Morgen, Eure Majestät.'"

Und so war es: Unser Oberst von Bonin tanzte um seine Majestät herum wie ein Balletttänzer, immer hübsch einen Schritt hinter ihm an seiner Seite links. Wir standen krampfhaft in zwei Gliedern, diejenigen mit Schmissen in der ersten Reihe, das gewöhnliche Pack (nach Schlickert) in der zweiten, und folgten mit unseren Augen wie vorgeschrieben den Bewegungen des Kaisers.

Der Kaiser sah jedem ins Auge, dann prüfte er die Uniform und es schien, als ob jeder Knopf blankgeputzt ist, und natürlich sah er sofort, wie krampfhaft noch alles war: Haltung, Richtung, und das Stillgestanden, ohne dass ein Muskel sich rühren sollte. „Die neuen Einjährigen, Eure Majestät," sagte der Oberst als Erklärung, worauf der Kaiser ihm kurz erwiderte: „Das merkt man."

Es gab in Ostpreußen nur etwa ein Dutzend größerer Holzunternehmen. Der Geist dieser Unternehmen war verschieden. Manche glaubten, dass das Geschäft ein Schachspiel sei; andere, ein Kampf, in dem der stärkere oder mehr gerissene siegt. Wieder andere waren mehr Händler als Kaufleute, und einige sahen im Geschäft Leistung gegen Leistung. Es war fast nirgends so, dass man Preise genannt bekam wie bei Zigarren in einem Zigarrenladen. Es war meist ein Aushandeln. Ich habe Fälle erlebt, wo der Preis nach stundenlangem Debattieren herauskam. In Tilsit zum Beispiel wurde nicht nur solange gehandelt, bis der Zug kam, sondern man bekam gute Ware, gesuchte Ware nur in Verbindung mit dem Kauf von Ladenhütern.

Es machte mir Spaß, manches Mal einen Geschäftsbekannten zu fragen, wo oder bei wem er in der Lehre als junger Mann gewesen war. Es war fast immer dasselbe: Wie er sich räuspert und wie er spuckt, hat er seinem Lehrherrn für immer abgekuckt. Ich erriet oft gleich den Namen des Lehrherrn.

Es war mein Prinzip, wenn Kunden einen Preis einer Ware wissen wollten, den genauso sofort zu nennen wie in einem Zigarrenladen. Es war mein Prinzip, aber nur, weil ich es so in meiner Lehrzeit gelernt hatte. Aber es half mir viel. Es war anscheinend auch das Prinzip der Landwirte, mir sofort zu sagen, was sie für Preise für ihre Bäume oder ihre Papierhölzer verlangten.

Wälder waren meist in dem Besitz der alten ostpreußischen Familien. Ich hatte im Laufe der Jahre oft mit ihnen zu tun. Da waren die Grafen von Kanitz, Mednicken, Bülow von Dennewitz, die Freiherren von Dörnsberg, von Buddenbrook, von Hausen-Aubier, von der Goltz, die Herren von Restorff, von Auer, von Saint Paul, von Heyking, von Schleußner, von Weiß, von Kühnheim, Baron von König,

Baron von Hüllsem, von Batocki. Gewiss die meisten von ihnen kamen mir nicht nahe, und ich nicht ihnen.

Es ist so viel von Ostelbiern und ihrem Herrentum und ihrer reaktionären Denkweise gesprochen worden. Ich habe im Laufe eines langen Lebens viel von Übermut, Dünkel und Engstirnigkeit bemerkt. Besonders bei den farbentragenden Studenten, deren Väter oft Männer des kleinen Mittelstandes waren. Besonders bei vielen Kaufleuten, die zu Geld gekommen waren und ihre Firmen andächtig bei Buchstaben nannten, z.B. A & E. (Alexander und E-chentracht) und so ähnlich.

Wenn ich meinen Eindruck vom ostpreußischen Adel, so wie ich geschäftlich mit ihm zu tun hatte, wiedergeben soll, so kann ich sagen, dass in meiner Erinnerung ein paar Begebenheiten sind, die vielleicht wert sind beschrieben zu werden.

Ich kaufte meine Zigarren bei Bönicke im Kneiphof ein. Dort ging ich täglich 5mal und kaufte jedesmal eine Zigarre. Das war eine Art Selbstkontrolle. Der junge Mann, der mich bediente und den ich gut kannte, packte gerade eine Kiste Zigarren ein und übergab sie einem Mann, der ein abgetakelter Musiker oder so was Ähnliches war. Er hatte einen alten Mantel, der glänzte, und einen steifen runden Hut, der bessere Tage gesehen hatte. Ich musste über den guten Humor des Verkäufers lachen, denn er machte eine Verbeugung zum Abschied und sagte: „Auf Wiedersehen,

Eure Exzellenz!" „Nu," sagte ich darauf zum jungen Verkäufer, „wenn Sie den Mann ,Exzellenz' betiteln, haben Sie mich in Zukunft ,königliche Hoheit' zu titulieren." „Warum?", sagte der. „Das ist doch Exzellenz von Berg, der Bevollmächtigte des Kaisers."

Um 1912 hatte ich das erste Mal in Mednicken zu tun. Doch der Graf und auch der Förster waren nicht zu Hause. Als ich durch den Wald ging, sah ich zwei steinalte Männer, scheinbar Brüder, auf einer Schonung, angezogen wie ein paar Vogelscheuchen. „Wer ist das?", fragte ich einen Waldarbeiter. „Das sind der Herr Graf und der Herr Förster Burke."

Wenn ich das Kennwort für die Menschen bestimmen sollte, für die adligen Landwirte, mit denen ich zu tun hatte, so würde ich sagen „Einfachheit." Von Batocki, der öfter seine Bretter die 28 Kilometer lange Straße holte, kam die engen Stiegen zu meinem Büro in der Kantstraße heraufgeklettert und bezahlte seine Rechnungen wie jeder kleine Mann.

Baron von Buddenbrook erzählte mir: „Heute morgen kam der Schmied zu mir ins Haus gelaufen und schrie: ,Herr Baron, in meinem Haus ist ein Unglück passiert. Meine Tochter, die Marie, ist verrückt geworden: Sie will einen Scharwerker heiraten.' ,Na und?', fragte ich. ,Na und aber Herr Baron verstehen doch, ich bin doch ein Schmied und in meiner Familie – ein einfacher Scharwerker! Das ist doch schrecklich.'"

Oben in dem alten Schloss bei Grünhof bat ich eine alte Magd: „Bitte sagen Sie mir doch, wo ist das Zimmer des Herrn Grafen?" „Dort um die Ecke", sagte sie. „Ach Frauchen," sagte ich, „es wird Ihnen nicht wehtun, wenn Sie mir genau das Zimmer zeigen. Es ist ein bisschen dunkel." Sie bringt mich zum Zimmer, öffnet es und sagt: „Mein Sohn, hier ist ein höflicher Mann, der Dich sprechen will." Es ist die alte Gräfin.

Natürlich gibt es auch Ausnahmen. Ich bekam eine Karte von Herrn von Hahnenfeld, bei Heiligenbeil ihn zu besuchen. Er schickte mir eine hochherrschaftliche Kutsche mit Diener in Livree zur Bahn. Die Kutsche und der Kutscher hatten ein Hahnenwappen. Am Schloss erwartete mich Herr von Hahnenfeld, ganz wie ein Hahn aufgemacht mit krähender Stimme und, wenn ich mich nicht irre, auch mit einer Hahnenfeder am Hut. Er war enttäuscht, dass ich kein Langholz kaufte, wie er annahm (sein Schwager Graf Bülow hatte mich empfohlen), sondern nur Papierholz. Nun hätte ich gleich umkehren können, aber der nächste Zug zurück nach Königsberg ging erst einige Stunden später. Also wurde ich zu Tische gebeten.

An dem weißgedeckten Tisch war für zwei gedeckt, also für Herrn von Hahnenfeld und mich. Es waren dort die verschiedenen Teller und silberne Löffel und Messer, die ganz spitz zugelaufen waren im Laufe der Jahrzehnte. Alles trug einen Hahn als Wappen. Ebenfalls waren drei Sorten von

Gläsern (offenbar für drei Sorten von Wein) hübsch aufgestellt rings um die beiden Gedecke.

Ich war allein im Saal. Dann kam ein livrierter Diener – mit Hahn – und brachte mal erst das andere Gedeck heraus. Also musste ich allein essen. Sodann erschien wieder ein Diener und holte von meinem Gedeck die Gläser weg und es erschien eine Karaffe mit Wasser. Auch gab es nur ein Gericht zum Essen. Kurz darauf erschien der Diener und sagte: „Der Wagen ist vorgefahren." Draußen stand Herr von Hahnenfeld, krähte: „Es war ein Vergnügen," und verschwand. Ich fuhr zum Nachbargut, zu Herrn von Restorrf Gros Lindenau. Er war nicht da (er war damals der Vorsitzende der Deutschnationalen Volkspartei), aber seine Frau war da. Eine Matrone, in der Art, wie man sich die Mutter von Goethe vorstellt: „Von Mütterchen die Frohnatur". Dort, in dieser geruhigen, menschlichen, altväterlichen Atmosphäre, erholte ich mich rasch. „Ich komme von Herrn von Hahnenfeld," sagte ich. Sie lächelte nur und ich auch, und dann dehnte ich mich wohlig in ihrem Sessel. Natürlich sprach keiner über Nachbarn. Mir schien, sie wusste auch so Bescheid.

Die Laasers

Max, mein Sohn, war 8 Jahre alt.[6] Er war bei seiner Urgroßmutter, unten am Pregel. Ich holte ihn ab. Da sah ich
ein seltenes Bild. Er spielte Gottessegen, das Kartenspiel.
Um ihn saßen am Tisch seine Urgroßmutter, sein Großvater
und ich mit ihm. 4 Generationen.

Die Urgroßmutter war recht lebendig, energisch, etwas
herrschsüchtig. Sie erzählte mir von ihren Großeltern, die
seit 1750 ein Gehöft am Memelstrom bei Kackschen hatten
und mit langen Handsägen, die von oben nach unten gingen, Holz schnitten. Sie erzählte mir, wie um 1870, ganz
jung, ihr Mann starb und sie allein mit 4 Kindern blieb. Ihr
Mann war nach Tapiau oder Wehlau gereist, aber nie zu-
rückgekommen. Damals war dort eine Cholera oder Pest
ausgebrochen und alles, was starb, wurde gleich verbrannt.

Ihr Sohn, mein Schwiegervater, zeigte mir auf dem Friedhof
in Tilsit ein umgittertes Grab. Es war das Grab seines Vaters. Aber niemand drin. So erforderte es die Sitte.

Von dem kleinen Dorf am Memelstrom zogen die Laasers
in einen Ort, wieder am Memelstrom, nicht weit von Tilsit. Er wurde eingemeindet in Tilsit und hieß Splitter.

---

[6] Also müssen sich die berichteten Ereignisse um 1931-32 zugetragen
haben.

Wahrscheinlich, weil dort eben Holz geschnitten wurde und viele Splitter waren. Mein Freund Schalt erzählte mir, wie er als Kind einen Leiterwagen einfahren sah, auf dem die Laasers saßen.

Die Laasers vermehrten sich, und zu der Zeit, da ich um die 20 war, gab es vier Familien Laasers in Tilsit und drei in Königsberg. Sie hatten das Prinzip, dass das Geld in der Familie bleibe, und so heirateten sie alle untereinander.

Sie hatten alle Grund und Boden, Sägewerk und Landwirtschaft und waren irgendwie verbauert; dabei helle, und hatten alle guten und schlechten Eigenschaften der litauisch-preußischen erdhaften Männer. Sparsam bis zum Geiz, zähe wie Sohlleder, arbeitsam bei Tag und bei Nacht; all die Mühlen hatten Tag- und Nachtschicht.

Sie waren alle Cousins und Cousinen, kamen zusammen an Feiertagen und Familienfesten und Beerdigungen, waren aber sonst Konkurrenten, und wenn ein Bauer mit seinem Wagen nach Splitter kam Holz einkaufen, standen sie am Fenster und beobachteten gespannt, zu wem von ihnen er einkehren würde.

Ich mochte sie alle ohne Ausnahme – die Männer und erst recht die Frauen. Ich weiß bis heute nicht, warum. Aber ich war bei ihnen zu Hause.

Als meine erste Frau den Gedanken hatte, mich zu heiraten, waren die Laasers durch die Bank dagegen. Es war eine Art

Familienentwertung. Ich war ein Neuankömmling sozusagen und hatte nichts, was zum Ruhm der alten Familie hätte beitragen können: ohne Titel, ohne Geld und ohne Grund und Boden. Sie brauchten – alle – Jahre, um sich mit mir abzufinden.

Ich kam, als ich heiratete, gerade zur Zeit, um den Abstieg derer von Laasers zu erleben. Er kam mit der Inflation. Die alten Leute verstanden nicht, dass die Mark keine Mark mehr sein sollte. So verloren sie immer mehr. Und als die Stabilisierung kam, hatten sie Schornsteine und etwas Lagerware, aber sie waren verwässert wie die Mark selbst. Sie wussten es nicht und konnten es nicht begreifen, dass die Welt, ihre Welt sich geändert hatte.

Was in zwei oder drei Generationen hart erarbeitet und fast in Geiz gespart war, ging nun langsam verloren.

Da war das Werk von Marcus Laaser.

Luis, auf der Höhe seines Erfolges, ein sehr reich gewordener Mann, wurde tuberkelkrank. Er wurde von den Nazis ermordet.

Hermann heiratete eine Kellnerin, die dauernd betrunken war. Er starb ganz früh.

Eugen Laaser, der Handelsgerichtsrat und Präsident der Industrie- und Handelskammer war, ging bankrott und starb.

Sein Sohn Erich, der sich im Krieg Tuberkulose geholt hatte, starb ganz jung in Berlin als Anwalt.

Grete, seine Tochter, wurde von den Nazis als Versuchskaninchen im Lager von Ravensbrück zu Tode gemartert. Sie war die Frau eines evangelischen Arztes, der der Sohn eines Pfarrers war.

Macki, der Überlebende, ging als Lehrer rechtzeitig nach Palästina. Er sprach Türkisch und Arabisch und Hebräisch.

Michael Laaser. Das war schon die dritte Generation.

Paul Jacobsohn hatte seinen Doktor, heiratete, um nicht zu verhungern (er war recht unbegabt), ging nach Riga und wurde dort von den Nazis ermordet.

Seine Mutter, eine Laaser, ging bei Nacht ohne einen Pfenning über die Grenze und wird wohl auch in Riga zu Tode gekommen sein.

Mein Schwiegervater hängte sich auf. Er hatte seinen Militärpass bei sich. Und einen Brief für mich: „Ich kann nicht mehr," begann er. Er hatte bei Beginn des Krieges 1914 seinen einzigen Sohn, 17, aus der Lehre geholt und ihn als Freiwilligen in sein Regiment, das 41, gebracht. Er fiel bei der Verteidigung gegen die Russen im Februar 1915 mit einem Halsschluss. Man brachte ihn noch nach Hause, aber er verblutete dort. Als 1930 Ludendorff nach Tilsit kam, legte man meinem Schwiegervater, der Vorstand des 41.

Vereins war, nahe, nicht zu erscheinen. Meine Frau war Ehrendame des Regiments.

Meine Frau und ihre Schwester wurden geisteskrank. Die Nazis ermordeten sie. Ihre Eltern wie auch ihre Großeltern waren Cousins und Cousinen gewesen.

In Königsberg war Isidor Laaser am Mühlnhof mit einem großen Werk. Er ging bankrott und wurde später mit seiner Frau von den Nazis ermordet, ebenso seine beiden Brüder Max und Dr. Sigmar.

Michael Laaser, Junggeselle, nahm sich 1932 mit Gas das Leben. Er war mir unter allen männlichen Laasers der Nächste. Sein Bild hing über meinem Arbeitstisch. Sein Bruder Isidor nahm sich ebenfalls das Leben. Seine Schwester Helene, meine mütterliche Freundin durch viele Jahre, verlor ihre beiden Kinder im Alter zwischen 10 und 16 Jahren. Sie nahm sich ebenfalls das Leben.

Das ist die Geschichte der Laasers.

Lebend blieb Dr. Walter Laaser, der mich in Liverpool zum letzten Male sah – er war an der technischen Hochschule in Liverpool. Er fiel bei Cassino auf der englischen Seite.

Heute leben noch Maia Laaser, verheiratet mit einem Schotten, Eva Jacobson, verheiratet und dann geschieden mit einem Deutschen in Madrid, und Margot Laaser, verheiratet in New York mit einem Ingenieur, und zwei Brüder von ihr, beide in Südafrika. Keiner von ihnen ist mit einem Juden verheiratet.

Das ist die Geschichte derer von Laaser, die alle Vorstandsposten und Ehrenposten in der jüdischen Gemeinde einmal hatten.

Verweht.

Freunde

Kriese war klein und dick und schnappte wie ein Seehund, der ans Land geworfen war, wenn er zu viel getrunken hatte. Ich hatte mit ihm nur indirekt zu tun. Er war der Vorsitzende des Aufsichtsrates des Bauhütten-betriebsverbandes. Ich hatte öfter Holzlieferungen für die ihm unterstellten Bauhütten in Königsberg, Elbing, Marienburg und Marienwerder und Pr. Eylau auszuführen. Das waren Aufträge, die mir die Geschäftsführer der Bauhütten erteilten – aber nicht Kriese.

Ich glaube, es war auf einem der Feste der Bauhütte Königsberg, da ich ihn kennenlernte.

Seitdem sprach ich ihn öfter und wenn wieder mal Feste waren, ließ er mich nicht von seiner Seite. Ich weiß nicht, warum, denn ich trank weder wie er, noch war ich ein Sozi wie er, noch war ich je ein guter Gesellschafter.

Einmal, als ich in seinem Büro am Münchenhof war, legte er mir einen gedruckten Zettel vor und sagte: „Hier, unterschreiben Sie." Es war eine Eintrittserklärung in die SPD. „Aber eins sage ich Ihnen, Propp," fügte er hinzu, „immer ganz hinten antreten, als letzter der Reihe, nicht gleich in den Reichstag zu kommen verlangen. Und da wie manche Herren Arbeitervertreter vom Proletariat reden, und das in

42

Cout und beringten Fingern – wenn ich die sehe, habe ich immer Lust zu rufen: ,Macht mal Eure Händchen auf, damit ich sehe, wo Eure Schwielen von der Arbeit sind.'"

„Kriese," sage ich, „warum glauben Sie, dass ich unterschreiben soll? Ich bin doch das Gegenteil eines Sozialisten. Ich habe eine schöne Villa in Amalienau, habe Häuser mit Renten und mein Ideal ist, so viele Renten zu haben, dass ich davon lebe." „Reden Sie nicht so viel," sagt er. „Sie gehören zu uns, sie sind einer von uns." „Kreise," sage ich, „können Sie mir Ihr Auto für kurze Zeit leihen? Ich will mal zur Bauhütte fahren und Liering sprechen. Dann melde ich mich sofort wegen des Beitritts."

„Liering," sage ich zu dem beglatzten vollmondähnlichen Popogesicht in rosa Farben, „Papa Kriese will, ich soll dies hier unterschreiben. Liering, Sie sind doch eine ehrliche Haut: Was würden Sie denken, wenn ich unterschreibe und ,Parteigenosse' zu Ihnen sage – aber aufrichtig." „Aufrichtig, hm," und sieht mich zögernd an. „Aufrichtig würde ich zu mir sagen: ,Der Jud hat noch nicht Aufträge genug; er braucht noch mehr." „Bravo, Liering," sage ich, „bravo. Genau das habe ich erwartet und nun" – ich hatte mich mit Kriese telefonisch verbunden – „nun wiederholen Sie das bitte jetzt zu Papa Kriese."

Kriese sprach niemals mehr mit mir darüber, aber offenbar hatte er mit allen Leitern der Betriebe in den ostpreußischen

Städten gesprochen, und wo ich auch hinkam, galt ich als Krieses Freund und wurde dementsprechend persönlich und geschäftlich behandelt.

Ich erinnere mich eines Besuches bei dem Geschäftsführer in Elbing. Der Mann machte einen ausgezeichneten Eindruck. Er fuhr mit mir nach dem geschäftlichen Teil aus, mir Elbing zu zeigen. „Sie haben nächste Woche Besuch,“ sagte ich. „Ein Parteiredner der Nazis kommt in Ihr rotes Elbing. Was werden Sie tun?“ „Ich habe die Parole ausgegeben, nicht hinzugehen. Wir werden den Nazis doch nicht dadurch eine Bedeutung geben, dass wir hingehen und mit ihnen debattieren! Die laufen sich von alleine tot.“ Das war um 1932.

Die Jahre gingen, die Nazis wurden immer stärker. Kriese wurde krank. Sehr krank. Es ging zu Ende. Ich saß an seinem Tisch bei ihm zu Hause, hatte einen Kasten anfertigen lassen, eine kleine Truhe. In ihr lagen die Flugblätter der Preußischen Konservativen von 1848: Sie waren ähnlich den Flugblättern der Nazis à la Völkischer Beobachter. Ich brachte sie ihm als meine einzige Gabe in all den Jahren.

Er sprach sehr bitter über die Zeit und die Arbeiter. „Kriese,“ sagte ich, „wenn ich nicht wüsste, dass Sie ein Arbeiterführer sind, würde ich denken, dass Sie Präsident der Industrie- und Handelskammer sind.“ „Ich organisierte die Landarbeiter in einer Zeit, da die Koalition der Landarbeiter noch verboten war. Dann organisierte ich die Bauarbeiter. Ich gründete die Bauhüttenverbände in Ostpreußen mit über 2000 Mann. Ich stand an der Spitze des Parteikomitees, das die Kandidaten der Partei für die Reichstagswahlen in Ostpreußen aufstellte. Ich habe mein Leben lang mit den Massen zu tun gehabt. Ich kann Ihnen nur eins sagen: Es ist unvorstellbar, wie dumm die Massen sind."

Kurz darauf stand ich nahe seinem Sarg, aufgebahrt in dem Gewerkschaftshof. Es war kurz vor Hitlers Machtübernahme. Sie lag schon in der Luft. Ein Gewerkschafter stotterte seine Rede über Kriese. Aber gleich zwei Juden pflanzten sich neben dem Sarg auf und sprachen. Der eine war Gottschalk: Keiner hatte mehr das Recht und die Pflicht, am Sarg dieses Arbeiterführers zu sprechen. Sein Leben war ein Leben für die Partei. Aber der andere, der Sohn unseres Oberkantors Birnbaum, sprach, weil er glaubte, dazu berufen zu sein. Einer von denen, die immer dabei sein müssen. Er war wohl der einzige, der daran glaubte. Peinlich empfand ich diese Instinktlosigkeit – mit Hitler vor der Türe.

Kurz darauf (ich glaube nur ein paar Tage darauf) sah ich einen Zug von den SA Braunhemden „siegreich durch die Stadt marschieren." Den Führer kannte ich: Es war Krieses einziger Sohn.

Mehr Freunde

Walter Cohn.

Er war ein kleiner Mann mit graumeliertem Haar, immer sehr sorgfältig und doch armselig angezogen. Sicher kaufte er seine Anzüge von der Stange. Eigentlich kannte ich nur einen, einen dunkelgrauen Kammgarnanzug. Sein Hut hätte einem Maler gehören können; seine Reisetasche einer Großmama, die sie von ihrer Großmama bekommen hätte. Er bestand mehr aus Augen, die halb belustigt, halb messerscharf einen anblitzten. Sein kleiner schmaler Mund warf wie ein Maschinengewehr scharfe Munition heraus. Er schonte niemand, auch nicht sich selbst.

Er war Senatsvorsitzender beim Oberlandesgericht; sein Senat war für Ehescheidungen. Er muss sich aber schon vorher vergraut haben.

„Die Menschen sind viel schlimmer wie Vieh," pflegte er zu sagen. „Vieh ist harmlos. Wenn eine Kuh zu mir kommen würde und sagen: ‚Ein Ochs hat mich Mensch genannt,' ich würde den Ochsen wegen schwerer Beleidigung ins Gefängnis stecken."

Er wusste alles. Manchmal machte ich mir das Vergnügen, aus dem „Wissen Sie schon?"-Buch Fragen an ihn zu stellen. Er konnte alle beantworten, auf jedem Gebiet. Auch auf dem musikalischen. Es war wie ein Widerspruch, diesen stacheligen Mann Leitmotive aus Musikwerken pfeifen oder singen zu hören.

Er hatte das Eiserne Kreuz am weißen Bande. Eine seltene Auszeichnung. Er erzählte gerne, wie er das bekam. Er saß mit einem Kapitän im Hafen von Memel und spielte Skat und trank Rum. Er blieb über Nacht auf dem Schiff. Als er wieder an Land kam (er war damals Richter in Memel), waren die Russen gekommen. Alle waren vorher geflüchtet. Für den Mut, als einziger höherer Beamter in Memel geblieben zu sein, bekam er dann die Auszeichnung.

Er machte sich nichts vor. Sein Kollege Oberlandesgerichtsrat Krüger war Oberlandesgerichts-präsident geworden. Als solcher lud der neue Präsident seine Kollegen nebst Frauen ein. „Propp," grinste er, „ich wette, wenn ich bei Krüger bin, hat er nur Juden gesondert eingeladen. Zwar ist Krüger katholisch – Zentrum –, aber wenn es um Juden geht, ist er wie alle anderen. Passen Sie auf." Und so war es. Schon vor Hitler.

Wir hatten uns verzankt. Ich weiß nicht mehr, warum. Cohn war verletzt. Ich sah ihn lange nicht. Meine Wirtschafterin sagte: „Ich sehe ihn öfter an unserem Hause vorbeigehen, aber nicht mehr hereinkommen. Bis er eines Tages doch kam – aber ich war nicht da. Er wollte wiederkommen, meinte sie, nach einer Stunde. „Sagen Sie ihm, ich

47

wäre inzwischen dagewesen. Sie hätten mir gesagt, dass er wiederkomme, aber ich wäre weggegangen."

Ich ging zu ihm nach Hause. Seine alte Wirtschafterin (weißhaarig) fragte ich: „Ist Herr Cohen da?" Sie antwortete, indigniert und betont: „Der Herr Oberrat ist nicht da." „Ich werde warten," sagte ich, setzte mich in seine Studierstube unter eine altväterliche Lampe mit grünem breiten Schirm, sah auf die langen Bücherreihen mit ihren schwarzen Rückeneinbänden, sah das ganze altväterliche Inventar an, das er wohl von seinem Vater geerbt hatte, der selbst Jurist gewesen war, und wartete.

Dann hörte ich endlich das Öffnen der Wohnungstüre und Cohn kam bitter und hastig in sein Zimmer. Er verstand natürlich sofort. „Ich komme gleich wieder," sagte er. „Dies ist eine der letzten Flaschen von meinem Vater her," und wischte den Staub ab. Er sagte auch weiter nichts; wir tranken stillschweigend.

Seitdem kam er jede Woche auf zwei Tage zu mir. Er hatte – entlassen – seine Wohnung aufgelöst und lebte in Georgenswalde an der Ostsee. Er hatte dort ein kleines hölzernes Haus mit verwildertem Garten erstanden. Das Haus war unter Efeuranken, und im Garten blühten die blauen Lupinen und Stockrosen in bunten Farben.

In meinem Hause wurde er am 10. November 1938 von der Gestapo ins Gefängnis gebracht.

Weihnachten saßen wir wieder zusammen. Er und ich allein. Er sprach wenig. Keiner wusste, was wird; nur, dass es schlechter wird. Er suchte sich einen Band von Goethe aus meinem Bücherregal. Und las: „Lynkeus, Der Wächter auf dem Turm. So sehe ich in allem die ewige Zier, und wie mir es gefallen, gefalle ich auch mir. Ihr glücklichen Augen, was habt Ihr gesehen. Es war, wie es wolle, es war doch so schön."

Am 9. August 1939 saßen wir auf dem Balkon und sahen noch einmal das weite grüne Gelände mit seinen roten Villendächern, und tranken Mosel. Es wurde Abend und die Schatten senkten sich. Da ging er. Wir drückten uns schweigend die Hände. Und sahen uns nicht mehr. Er wird sich – des bin ich fast sicher – selbst erschossen haben.

Ernst Wilke

Er war der Syndikus der ostpreußischen Holzwirtschaft. So hatte ich oft mit ihm zu tun. Er war von eisiger Höflichkeit und Kühle, und hielt auf Distanz. Er musste es wohl auch: Er hatte die Rundhölzer für die Sägewerke zuzuteilen. Unter den Nazis hatte er ein Amt mehr. Er war der Chef der Luftabwehr der Industrie.

Er ähnelte in Gestalt und Ausdruck dem Blue boy von Ganisborough. Er sah ganz so aus wie ein Prinz aus englischem Geblüt.

Nur sehr langsam kamen wir uns näher. Sein Büro war meinem benachbart und seine Wohnung war nicht weit von meinem Haus. Er war auch Syndikus der Noros, einer Sägewerkssozietät von 10 Werken in Ostpreußen, bei der ich mit dem Sägewerk Tilsit und Tilsi mitbeteiligt war. Er hatte viel mit der Organisation und ich mit der Finanzierung durch die Dresdner Bank zu tun. So kamen wir immer öfter zusammen, aßen manchmal zusammen und einmal wohnte er bei mir ein paar Wochen.

In dieser Zeit passte er auf meinen Sohn Max auf, der damals 10 Jahre alt war und, ohne Mutter im Haus, nicht gerade ein immer hoffähiges Benehmen bei Tisch hatte. Wilke hatte lange in Genf gelebt und war dort in den Kreisen der

Diplomatie zu Hause, und so nahm Wilke ein Interesse an Macki und seinem Betragen. Er war ein guter Lehrer.

Dann kam die Jugendgesetzgebung unter Hitler. Wilke und ein junger Freund von ihm sagten mir: „Sie haben es gut, Sie müssen nicht mit. Können Sie uns nicht raten, wie wir uns auch daraus halten können?"

In dieser Zeit ging ich noch einmal in den ‚Hammerkrug'. Dort war eine Art Kostümfest. Wilke hatte etwas viel getrunken, tanzte und küsste ungeniert Frauen und Mädchen. „Seltsam," dachte ich. „Er, der sonst so reserviert ist." Aber etwas Anderes frappierte mich: wie undistanziert auch ein paar junge Burschen ihm gegenüber waren, und dass er sogar mit einem von ihnen auf Brüderschaft trank.

Wilke begann mit der fortschreitenden Judenverfolgung reservierter zu werden. Ich verstand das: In seiner Eigenschaft als Leiter der Luftabwehr konnte er sich kaum mit Juden sehen lassen. Aber ich vergaß nicht die Jahre der Freundschaft, als ich ein Gerücht hörte: dass nämlich Wilke homosexuell wäre. Ich ging ihn warnen. Er lachte und sagte: „Ich weiß um diese Gerüchte. Das ist, weil man mich oft mit dem kleinen Kerutt sieht. Er ist mein Freund, und ich habe Interesse für ihn, aber ebenso für seine Schwester und die ganze Familie Kerutt."

Darüber verging ein Jahr, und ich hatte die Geschichte vergessen. Ich sah Wilke nur noch gelegentlich, wenn ich in

Holzsachen mit ihm zu verhandeln hatte. Da rief er mich eines Morgens an und sagte: „Kann ich Sie sprechen? Ich hole Sie mit meinem Wagen ab und fahre mit Ihnen hinten herum über den Berg zu Ihnen nach Hause. Man hat einen Mann gefasst mit einem Notizbuch und gewissen Adressen. Ich bin auch darunter. Ich bin schon einmal vernommen worden und erwarte jeden Tag meine Verhaftung." „Fahren Sie alleine?" fragte ich. Ich verstand natürlich, dass er fliehen musste. „Nein," sagte er, „mit Kerutt" – und da verstand ich alles. Erst dann.

„Ich packe noch meinen Koffer und will unterwegs an einem Fluss all die Briefe versenken, die ich habe und die mich belasten können. Es sind da viele Briefe von Freunden aus Genf." „Bringen Sie mal erst die Briefe her," sagte ich, und bald war er bei mir. Die Glinka und ich verbrannten sie in unserem Ofen der Zentralheizung. „Und nun noch eine Bitte," sagte er. „Ich gehe angeblich auf Urlaub. Nur Sie bekommen meine Adresse, und wenn Sie bei Ihren Verbindungen vielleicht herausbekommen, ob und wann ich verhaftet werden soll, dann bitte senden Sie mir ein unverbindliches Telegramm. Dann verstehe ich schon."

Noch am selben Nachmittag war ich bei Magda C. Sie war viele Jahre die Sekretärin beim Landgerichts-präsidenten gewesen. „Können Sie herausbekommen," fragte ich, „ob etwas gegen meinen Freund W. vorliegt?" „Ich bin nicht mehr da," sagte sie, „aber werde meine Nachfolgerin fragen." Es lag nichts vor. Ilse, die Schwester von Ruth K., war Sekretärin beim Oberstaatsanwalt. Es lag da auch nichts vor. Tuleweit war ein Mieter von mir. Sein Vetter desselben Namens war Staatsanwalt. „Nein," sagte der, „es liegt nichts vor."

Horst Pachur

Sein Vater war Zahlmeister bei den 43ern gewesen. Sein Bruder war Arzt in Tilsit und ein Nazi. Seine Mutter war öfter mit ihm und seiner Frau und seinem Jungen bei mir. Die Mutter sah aus wie eine Geheimratswitwe. Gar nicht wie die Frau eines Zahlmeisters. Seine Frau war ein Mädel vom Lande – eine Besitzertochter –; nach langer Freundschaft hatten sie einander geheiratet.

Horst Pachur sah gelb wie ein Japaner aus. Er hatte dauern Leberleiden. Er war, was man eine halbe Portion nennt. Er war Gewerkschafter und Leiter eines Bauhüttenbetriebsverbandes. Ich hatte mit ihm viele Jahre geschäftlich zu tun. Er war klug wie der Tag, skeptisch, wie Leberkranke sind, und seiner Mutter und Frau und seinem Jungen ergeben. Und der Partei. Als Hitler kam, bot man ihm einen guten Posten an. Er lehnte ab und versteckte sich lange Monate bei den Eltern seiner Frau auf dem Lande.

Am Tage der Regierungsübernahme mit Hitler meinte ich: „Nun, auch das wird nicht zu schlimm werden: Er wird lernen, mit den Begebenheiten und Möglichkeiten zu rechnen." „Sie irren aber sehr," sagte er. „Geisteskranke Verbrecher haben sich der Regierung bemächtigt."

Er baute sich ein Haus in Barten, um abseits zu sein von der Stadt und der Gestapo. „Wenn der Krieg kommt, fahre ich mit meinem Auto gegen einen Baum, um ins Krankenhaus zu kommen. Jeden Tag zeige ich meinem Sohn den Globus und das kleine Deutschland darauf und sage ihm: ‚Sieh, wie groß die Welt und wie klein Deutschland ist,‘ damit der Größenwahn in der Schule ausgeglichen wird.“

Als es schlimmer wurde, sagte er mir, dass in Barten nur ein Jude wohne, ein alter Mann, der seinen Sohn im Kriege verloren habe; die Kinder auf der Straße schrien ihm nach. Und wenn es recht dunkel war (in der Nacht), ging er zu ihm, um ihn zu trösten. Aber dann bekamen sie auch in Barten ihn zu fassen: weil er nie Flaggen und niemals den Hitlergruß benutzte.

Ich besuchte ihn in Barten. Er holte mich mit seiner Frau von Korschen mit seinem Auto ab. Heute würde man sagen, er breitete vor mir den roten Teppich aus.

Er beschloss, nach Palästina auszuwandern. Ich versprach, ihm Geld mitzugeben. In Palästina wollte er bauen: Er war ein ausgezeichneter Baufachmann und zugleich ein korrekter Geschäftsmann: Bis ich nachkomme, wollte er mein Geld verzinsen.

Die Nazis

Mir sagte ein mir sehr nahestehender Jurist aus meiner Familie: „Ich würde jedes Verbrechen begehen, wenn ich nicht durch das Gesetz und die darauf ausstehenden Strafen daran gehindert würde." Das Nazitum hob die Strafen für bestimmte Verbrechen auf, und diejenigen Menschen, die einen Hang zu Verbrechen hatten, waren frei, sie zu begehen. Rache aber ist nicht immer ein Verbrechen, sondern ein heißes Bedürfnis, von dessen Befriedigung man eigentlich keinen Nutzen hat. Ebenso ist Neid manchen Menschen eingeboren.

Nun kann man die nationalsozialistische Regierung und Partei nicht mit den von ihnen in Freiheit gesetzten Verbrechen-, Rache- oder Neidgelüsten auf eine Stufe setzen. Die Partei hatte bestimmte politische Anschauungen und Ziele, die – wie immer man sie beurteilen mag – doch eben Überzeugungen und Ansichten entsprachen, die viele als gerecht und vernünftig und förderlich betrachteten.

Hätte Hitlerdeutschland gesiegt, so wären die meisten Deutschen mit der Bewegung einverstanden gewesen und hätten den Barbarismus und die Mordlust der Nazis zumindest mitgeschluckt. Erst, als das Spiel verloren war und die Trümmerstätte das Resultat war, lehnten die Deutschen ein System, das sich als selbstmörderisch herausstellte, ab, und mit ihm den Barbarismus, der sich im Verbrennen von Menschen besonders bestialisch herausgestellt hatte.

Ich bin öfter gefragt worden, ob ähnliche Bewegungen bei anderen Völkern möglich gewesen wären. Ich glaube ja: Ich habe bei Beginn des Krieges von 1914 in Deutschland und später bei einem eucharistischen Kongress gesehen, wie Menschen spirituell voll betrunken gemacht werden können. Es ist kein großer Unterschied zwischen dem Verbrennen Andersgläubiger im Mittelalter und dem Verbrennen Andersrassiger in unserer Zeit. Damals glaubte die Kirche sogar, ein gottgefälliges Werk zu tun; jetzt die Antikirchlichen ein volksnützliches Werk. Offenbar ist das Tier im Menschen noch nicht tot und wartet auf Erfüllung seines Blutdurstes.

Im Südamerika unserer Zeit schlugen Indios mehrere Priester tot und sandten die Knochen in einem Postpaket dem Erzbischof. 200 Indios, von dem katholischen Priester aufgehetzt, zogen 1950 vier evangelische Missionare vom Lastwagen und schlugen sie tot.

Es hat das auch nichts mit Bildung oder Beruf zu tun. 1914 stellten sich die Intellektuellen auf die Seite des Krieges und die Priester aller Völker segneten die Soldaten, deren Pflicht es war zu töten, mit dem Kruzifix.

Nichts ist schwerer, als die Dinge so zu sehen, wie sie wirklich sind.

57

Die Nazis in Ostpreußen gingen nur langsam vor. Das schwere und im Gleichgewicht gehaltene Temperament der Ostpreußen zeigte sich auch da. Es dauerte sieben Jahre, bis es soweit war, dass ich das Land meiner Geburt verlassen musste.

Es kam doch immer schlimmer, als wir glaubten.

Und als wir in Südamerika waren, glaubten wir noch immer nicht. Als wir von Verbrennungen von Frauen, Kindern und Männern in extra vorbereiteten Öfen hörten, hielten wir selbst da noch das alles für Märchen, erfunden von Deutschlands Feinden.

Rückblickend war die Zeit unter Hitler – für Juden zumindest – eine Zeit voller Grauen, und selbst die guten Erinnerungen lagen lange wie unter einem schwarzen Leichentuch verborgen. Es ging mir, wie es Erasmus in Wicherts, Missa sine nomine erging. Ich hätte jedem Nazigesicht die Pistole ins Gesicht stecken und ohne Bedenken losdrücken können.

Dr. Hiller, mit dem ich viel in Sucre zusammen war, räumte immer dasselbe ein: Er stände an einer großen Grube und man führe ihm Deutsche vor; „Kopf ab,“ würde er immer wieder und immer wieder wiederholen. „Dr.,“ sagte ich, „und die guten? Und wie wollen sie die erkennen?“ „Das sehe ich jedem sofort vom Gesicht ab.“

Es dauerte wie bei Erasmus auch bei mir viele Jahre, bis das Eis zu schmelzen begann und ich auch in einem deutschen Gesicht das eines Menschen und nicht eines Henkers sah.

Ich glaube, die Zeit und das Wiedererwachen guter Erinnerungen und die Haltung Adenauers und vieler anderer Deutscher hat das Eis gebrochen. Ich habe nach 1918 Offiziere und Soldaten an der Grenze gesehen, die so sehr an den Krieg und das Leben in Gräben gewöhnt waren, dass sie ungern davon abgingen. Es ging mir ähnlich in der Nazizeit. Der Mensch gewöhnt sich an alles, auch an das Ungewöhnliche.

Zu leben unter den Nazis war gewiss eine bedrückende Angelegenheit, aber es gab ja immer dabei die Hoffnung, dass es mit den Nazis mal zu Ende gehen würde. Sei es von außen oder von innen.

„Sie müssen nicht denken, dass es nur gegen die Juden geht," sagte mir Overkamp Trömpau, der größte bürgerliche Landbesitzer im Kreise Labiau. „Es ist ein Sklavenaufstand. Es geht gegen alles und alle, von denen sie fühlen, dass sie besser sind oder mehr verstehen als sie selbst." „Wir werden von zwei Verrückten regiert: von Hitler und von Mussolini," sagte mir Justizrat Dykband. „Das ist nicht nur meine Meinung, sondern auch die meines Schwiegersohns, der Major im Generalstab ist." „Wir studieren jeden Donnerstag die Kriegsgeschichte, meine Kameraden und ich von den Kurassieren," sagte mir Herr von Kühnheim aus der Familie von Martin Luther. „Wir sehen immer wieder aus der Geschichte, dass jede Diktatur in einen Krieg endet." Das war eine Art Trost und Hoffnung zugleich.

Auch geschäftlich gab es einige Male so etwas Ähnliches wie Zuspruch. Als ich 1937 einen Angestellten zu den großen Gütern des Samlands sandte, die Wälder hatten, ließen mir 9 von 10 sagen, das erste Holz, das sie fällen, ist für mich. Als ich bei der Zuteilung des Langholzes für das Sägewerk Juditten um einen Prozentsatz benachteiligt wurde, rief mich der Forstmeister von Kobbelbude an Freiherr von Schrötter an und gab mir das doppelte Quantum, und verabschiedete sich mit: „Es tut mir furchtbar leid, dass ich nicht in der Lage bin, mehr für Sie tun zu können." Als ich als Schiedsrichter für eine Auseinandersetzung zwischen den Erben von Leonhard Braunsberg tätig war, schlug der Justitiar der Katholischen Kirche vor, dass ich bei neuen Streitigkeiten für beide Parteien entscheide. Da es sich dabei auch um Grundstücke handelte, wurde ich 5 Jahre nach Hitlers Machtübernahme in den Notariatsakt als Richter eingetragen. Das waren immer wieder Lichtpunkte im Dunkel der Hitlerzeit.

Wenn ich bei dem Domprobst Sanden in Frauenburg auf Besuch war, behandelte mich dieser über-80jährige Nachfolger in langer Reihe von Kopernikus mit einem Respekt, als ob ich der Bruder von Christus wäre.

Vielleicht hätte man die Gefahr klarer gesehen, wenn nicht die 4 Jahre Weltkrieg Nr. 1 und die 5 Jahre Inflation gewesen wären. Man war das unnormale Leben gewohnt. Krieg und Inflation waren vorübergegangen; so hoffte man, auch die Nazizeit wird verschwinden.

Das erste Mal, dass ich erkannte, was wirklich war, ergab sich, als ich am 10. November 1938 zusammen mit den anderen Juden ins Gefängnis kam und als die Synagogen, Waisenhäuser, Friedhöfe zerstört wurden. Damals, erst damals fühlte ich, dass der Boden unter mir wankte.

Aber ich verstand auch, dass das Nazitum kein Erzeugnis von Hitler oder der Gegenwart war. Mein Zellennachbar im Gefängnis, Professor Maas[7], sagte zu mir während unserer ersten Nacht im Gefängnis: „Von diesen Mauern führt ein gerader Weg zu den Scheiterhaufen im Mittelalter. Ich verstehe jetzt, dass die Juden damals es vorzogen, sich lieber töten zu lassen, lieber auf die Scheiterhaufen zu gehen, aber es hatte gar nichts mit Judentum oder Glauben zu tun, sondern sie wollten lieber sterben, als die dumme brutale Gewalt anzuerkennen; lieber sterben, als sich von der ekelhaften Masse anfassen zu lassen. Ich würde genauso handeln und auf den Scheiterhaufen gehen."

Vielleicht ist man als Jude immer Ahasver: im Frack oder im Kaftan, arm oder reich, dunkel oder blond, und alles, was

---

[7] Sidhe Ss. 77ff.

fremd ist, wird beargwöhnt. Vielleicht macht Hass oder auch Glauben immer trunken. Ich sah die trunkene Menge beim Kriegsbeginn 1914 und sah sie 1940 in Südamerika bei einem eucharistischen Kongress – tanzend, weinend, lachend, trunken vor Gottlosigkeit.

Ich weiß um die Tänze um Scheiterhaufen, wenn Ketzer verbrannt wurden. Ich weiß um vier evangelische Missionare, die auf Betreiben eines katholischen Geistlichen in meiner Nachbarschaft vom Lastwagen geholt und getötet wurden, weil sie eine evangelische Kapelle einweihen wollten. Ich erinnere mich, dass einige Jahre vorher Indios ihre Mönche totschlugen und die Knochen dem Erzbischof nach Sucre in einem Paket sandten.

Doch als ich um 1942 hörte – nach allen diesen Erfahrungen –, dass die Nazis Männer, Frauen und Kinder in Öfen verbrennen oder vergasen, sagte ich: „Worauf auch alles Deutschlands Feinde aus Propagandagründen kommen???" DAS hielt ich noch nach 8 Jahren Hitlertum einfach für eine Lüge, für unmöglich. Und, ehrlich gesagt, ich lebte 48 Jahre unter den Deutschen – mehr unter ihnen und mit ihnen wie selten einer – ich verstehe es bis heute nicht…

Paul Pinette

Ich erinnere mich einer eigenartigen Begebenheit. Meine Schwester war mit einem jungen Mädchen befreundet, Lene Pinette. Sie brachte eine Einladung von ihren Eltern an meine Eltern. Vater und Mutter waren freudig erregt über diese Einladung. Denn Pinettis waren im Rang höher. Sie bewohnten eine große Wohnung auf dem Tragheim. Meine Eltern wohnten mehr im Judenviertel, in der Vorstadt. Ich hatte als Kind eine fast atmosphärische Witterung für versorgte und für freudige Stunden meiner Eltern. Die freudigen waren sehr, sehr selten.

Pinettis waren eine Generation früher eingewandert als meine Eltern. Sie galten als wohlhabend: Die Frau war recht aristokratisch; der Mann wirkte ein wenig wie Johann Strauß. Die ganze Familie war musikalisch und hatte Beziehungen zum Theater. Obwohl über 55 Jahre darüber vergangen sind, erinnere mich noch der Heroine des Stadttheaters, die bei Pinettis verkehrte; sie hieß Stark.

Pinettis hatten 5 Kinder: Lydia, Clara, Lene, Marki und Paul. Lydia war wie ihre Mutter: charmant. Sie heiratete Ernst Wohlgemuth, der später der Generaldirektor der Firma Schweizer und Opler in Berlin wurde. Sie hatten eine kostbare Villa, eine Yacht auf dem Wannsee und lebten breit wie amerikanische Millionäre. Wohlgemuth wurde nach dem Zusammenbruch der Firma wegen betrügerischen Bankrotts auf mehrere Jahre ins Gefängnis gesteckt. Lydia versuchte, sich durch Zigarettenverkauf an frühere Freunde des Hauses durchs Leben zu schlagen. Sie nahm sich das Leben. Wohlgemuth schrieb darüber verzweifelt aus dem Gefängnis an seinen Schwager Paul (Lydias Bruder); ich las den Brief. Wohlgemuth sprach ich telefonisch von Danzig, wo er mit einer Freundin lebte. Als die Nazis auch in Danzig waren, verhafteten sie ihn wegen Rassenschande. Ob er durch eigne oder fremde Hände ums Leben kam, weiß ich nicht.

Clara war eine dunkle verschattete Schönheit. Ich war kurz nach dem Krieg, 1919, mit Wohlgemuth, seiner Frau und meinen Geschwistern in Zoppot. Es war Frühling, Frieden, und zum ersten Male nach dem langen Dunkeln des Krieges atmeten wir voller Hoffnung. „Komm,“ sagte Clara und ging mit mir ins Zoppoter Theater. Es war nicht verschlossen. Sie setzte sich ins Orchester und spielte auf dem Klavier Tänze von Brahms. Oben von der Galerie ertönte begeistertes Klatschen: Ein gemeinsamer Bekannter war uns gefolgt.

Clara hatte einen Freund. Einen sehr begabten, aber halb verkrüppelten Mann, der an einer Blutkrankheit starb. Sie stürzte sich aus dem Fenster und starb.

Als mich ein Chauffeur vom Bahnhof Braunsber zum Propst nach Frauenburg brachte, wollte ein junger Mann mitfahren, weil er sich in der Richtung irrte. „Er und alle jungen Männer," sagte der Chauffeur, ein älterer Mann, „haben jede Richtung verloren. Wir Alten haben Angst, im eignen Hause den Mund aufzumachen – es ist wie im Turmbau zu Babel. Manchmal schlafe ich nicht in der Nacht und denke, uns haben unsere Väter ein Deutschland der Ordnung und der Gerechtigkeit hinterlassen; was hinterlassen wir unseren Kindern? Dann schäme ich mich zu bekennen, dass wir das Land einem hergelaufenen Zigeuner aus Böhmen hinterlassen sollen." „Denken viele so wie Sie?" fragte ich. „Alle," antwortete er. „Alle aus meiner Generation, Ehrwürden." Er hielt mich für einen Priester, weil er mit mir zum Probst fuhr.

Ich war zu einer Konfirmation einer jungen Bekannten. In dem alten trutzigen Kirchenbau der Löbenitschen Kirche segnete der Pfarrer Link, der Thomas Mann so ähnlich war, die weiße Schar der Mädchen und die dunkle der Jungen. Es war schon 1933, und ich höre noch die Worte des Pfarrers: „Wenn Ihr vor die Wahl gestellt werdet, der weltlichen oder der göttlichen Ordnung zu gehorchen, und beide im Widerspruch sind, so erwarte ich, dass Ihr eher wie die ersten Christen in die Katakomben geht, bevor Ihr Euch der rechten Gewalt unterwerft. Wenn nach 1000 Jahren kein Mensch mehr den Namen einer gewissen Partei kennen wird, wird immer noch das Christentum am Leben sein." „Kommen Sie mal in meine Kirche," sagte der

Domprobst, dem ich davon erzählte. „Da werden Sie noch ganz was Anderes zu hören bekommen."

Manchmal hatte ich den Eindruck, dass nur die Arbeitslosen und die im Leben irgendwie zu kurz Gekommenen in der Nazipartei ihr Ideal sahen. Alles, was sich klein fühlte und hinaufwollte, was nicht anerkannt war und anerkannt werden wollte, sehnte sich nach dem bunten Tuch, den Fahnen, dem auch etwas zu sagen Haben…

Typisch war für mich ein Barbier. Er nannte sich Herrn von Lübtow. Er hatte die ganze gute jüdische Kundschaft vom Steimdamm und Umgebung. Er war meines Wissens der erste, der sich eine Betriebsfahne mit dem Hakenkreuz anschaffte und mit einem Barbier hinter der Fahne marschierte.

Ich konnte auch im Wirtschaftlichen nicht eine tödliche Gefahr sehen. Ich hatte erlebt, dass die Mark so umgestellt wurde, dass 4,2 Millionen den Wert 1 US-Dollars hatten. Und es ging trotzdem und sogar steil wieder in die Höhe.

Dann sollte ich sein Teilhaber zur Hälfte sein. Er hatte auch einen Posten Geld. Die Reichsbank aber gab ihm keine Genehmigung zum Transfer. So blieb er in Deutschland. Ich habe nichts mehr von ihm gehört. Ich bin überzeugt, dass die Nazis diesen überzeugten Sozialisten umgelegt haben.

Lene war 14, als sie mich in einem dunklen Korridor beim Verstecken küsste. Der erste Kuss. Ich trug ihr Bild bei mir, viele Jahre. Ich sandte ihr am Kusstag Jahre hindurch Blumen. Sie heiratete früh, einen blonden, recht jungen Mann – mehr Junge als Mann –, der mich an Mollusken erinnerte. So ohne Knochen. Er wurde in der Inflation, was man für reich hielt. Kaufte und verkaufte gegen angebliche Mark Hotels, Villen, Häuser und Renten.

Er richtete sich in der Goethestraße eine eigene Villa ein, und Lene hatte, was man damals ein großes Haus nannte. Das heißt, mit Garten, kunstvollen Lampen, echten Teppichen und unbezahlten Rechnungen. Als die Inflation zu Ende war, war er auch zu Ende. In Berlin überließ ich ihm die Verwaltung eines Hauses; er führte genau alle Einnahmen, vergaß aber, damit die Ausgaben zu decken.

Lene, meine erste Jungensliebe, sagte mir: „Ich muss Dich was fragen. Alle meine Freundinnen sind verheiratet; alle aber haben außerdem einen Freund, nur ich nicht. Ich bin so zufrieden mit meinem Max, ich komme gar nicht auf die Idee, mir einen Freund anzuschaffen. Liegt das daran, dass ich schon vor der Ehe Freunde hatte, und weiß, dass immer alle und alles dasselbe ist, oder bin ich nicht in Ordnung?"

Marki war ein Sportsmann; er tanzte einen guten Stepp (das war neu in 1910). Er war ein guter Kamerad, immer voll von Pepp, und gut zu leiden. Er heiratete bei Kriegsbeginn eine Schauspielerin, Käthe Diers: ein wundervolles Geschöpf, die Tochter der Schriftstellerin Marie Diers. Sie schrieb mir, und ich benutzte Markis Grab, als der Vormarsch von Willenburg nach Byalistok war. Er ruht unter einem Birkenkreuz auf einem Soldatenfriedhof. Er fiel als Pionier.

Als ich Jahre später in einem Bummelzug durch Masuren Geschäfte suchend fuhr, war Käthe im Coupé. Sie war Propagandaredner für die deutschnationale Volkspartei. Es war Wahlzeit. Es war ein melancholisches Wiedersehen.

Paul, der Jüngste, war Arzt. Ein guter und gesuchter Arzt. Seine Frau war ein wildes, lebens- und liebeshungriges Wesen. Sie gingen jeder ihren Weg gesondert. Sie konnten weder aufeinander noch sonst rechnen. Paul war infantil: schmal, fein, jung wie ein Page, lächelnd wie ein Kind. Sie lebten gut: tranken, aßen, liebten und ließen den lieben Gott einen guten Mann sein. Und Paul half, wo er konnte (besonders Frauen), mit und ohne Gebühr.

Pinettis haben „Gesellschaft". Am Eingang standen Diener im Frack. In einer Stube war eine Bar aufgebaut. Der Tisch bog sich voll von guten Sachen. Eine Masse Leute waren gekommen, aus sogenannten allerersten Kreisen, geschmückt und alle mit einem Augurenlächeln. Und alle aßen und tranken, soviel sie nur konnten.

Es war eigentlich für alle eine Art lustiger Gläubigerversammlung. Wohl jedem von den Gästen schuldete er oder sie Geld, und jeder wusste, ohne es auszusprechen, die einzige Quote, die man erwarten konnte, lag auf der Bar oder dem Esstisch. Und er und sie wussten es auch. Nur die Diener taten mir leid: Weder konnten sie sich eine Quote vom Bartisch holen noch je darauf rechnen, bezahlt zu werden.

Als man Paul verhaftete und er wegen Abtreibung auf 1 Jahr ins Gefängnis kam, war ich die Sammelstelle derer, die für die Familie sorgten. Jeden ersten eines Monats kam seine Frau in mein Büro. „Ich bin schon viel Jahre verheiratet mit Paul," sagte sie, „aber niemals habe ich so pünktlich mein Geld bekommen und meine Miete bezahlen können. Was wird das nur wieder, wenn er herauskommt."

Paul war Helfer des Gefängnisarztes und hatte eine kleine Stube im Gefängnis. Er ließ meinen Bruder kommen, der Anwalt war und ihn verteidigt hatte. „Brenno," sagte er, „meine Zeit ist nun bald zu Ende. Ich habe ein Grauen herauszukommen: Draußen warten meine Gläubiger und hier bin ich sicher. Muss ich wirklich raus?"

Als Paul herauskam, schlief er in meinem Büro. Dann fuhr er frühmorgens mit einem Auto nach Braunsberg und bestieg erst dort den D. Zug. So konnte ihn keiner der Gläubiger mehr fassen. Er ging nach Palästina und verkaufte dort Medikamente. Er starb früh.

Nazizeit

Es dauerte lange, bis die konservative, kühle Bevölkerung von Ostpreußen sich wandelte. Zuerst merkte ich bei der Landwirtschaftskammer und bei der Landgesellschaft, dass der Wind kühler wurde. 1933, bei der Übernahme durch Hitler in die Regierung, wurde ein Bekannter von mir auf barbarische Weise zu Tode gequält; ein anderer entging durch Einspruch des Bürgermeisters demselben Schicksal. Doch handelte es sich weniger um eine Naziangelegenheit als darum, dass es nunmehr Juden gegenüber möglich war, sich zu rächen. Beide Opfer hatten Grund gegeben für Vergeltung.

Hingegen war der Mord an dem Führer der Kommunisten Sauf ein politischer Akt. Als Papen mit Hilfe von Rundstedt die Regierung Braun einfach absetzte, ging ich zu Sauf, der mein Mieter war, und fragte ihn, was nun, wann kommt der Generalstreik. „Ruhe ist die erste Bauernpflicht," antwortete er. „Ich habe keinerlei Anweisungen von Berlin." Am anderen Morgen fuhr ein Auto vor seine Wohnung in Ponarth, und zwei Mann (angeblich von der Partei von Sauf) verlangten ihn zu sprechen – und erschossen ihn. Der Mörder, Philipp, war dann der Chauffeur von dem Gauleiter Koch.

Koch war ein kleiner Subalternbeamter der Eisenbahn gewesen und war nicht zu wild. Er hatte einen jüdischen Berater, den früheren Generaldirektor, der sehr begabt war. Es ist mir bekannt, dass er sogar einigen Juden behilflich war. Koch der Gauleiter wohnte nicht weit von mir. Er war nierenkrank und schien mehr mit sich selbst beschäftigt als mit Parteisachen.

Es dauerte lange, bis die Gerüchte aufkamen über Menschen, die verschwanden, Lager, in denen Menschen gefangen gehalten und gemartert wurden, und immerhin vergingen 7 Jahre nach der Machtergreifung, bis ich auswandern musste. Bis zum 10. November 1938 war ich geschäftlich in Arbeit.

Natürlich hatte ich schon um 1933 mit Gedanken der Auswanderung nach Palästina gespielt. Ich hatte bereits alles vorbereitet, als der Arzt meiner Frau, Dr. Ernst Hasse, in Berlin sagte, dass es unmöglich sei, für meine geisteskranke Frau ein Gesundheitsattest zu bekommen, und wenn, würde sich der Betrug rasch im Ausland herausstellen. So blieb ich.

Es war November 1938. Man konnte fühlen, dass Hitler einen neuen Streich gegen die Juden plante. Nach der Ermordung des Nazidiplomaten vom Rath durch einen jungen Juden in Paris wurde dieses Angstgefühl noch größer.

In der Nacht, wo vom Rath starb, ging ich zu meinem Freund Jim von Simkowitz. Jim war Ungarer; er war ein Habsburger Offizier gewesen. Jetzt arbeitete er in einer Königsberger Schiffstransportagentur. Ich kannte ihn seit vielen Jahren. Er hatte eine kleine Wohnung, nicht weit von meiner, und ich übernachtete dort.

Am folgenden Tag, ungefähr um zehn, ging ich wieder hinaus auf die Straße. Die Sonne schien. Der Himmel war blau. All die Ängste, die ich in der Nach zuvor empfunden hatte, wurden verweht wie Spinnennetze im Wind. Aber plötzlich sah Dora Wolf mich. „Um Gottes Willen, was machen Sie da? Schnell, verstecken Sie sich. Wissen Sie nicht, was gerade passiert?" Sodann kam Frau Jacobsohn und nahm mich bei der Hand und sagte: „Geschwind, geschwind, bevor Sie jemand sieht..." und brachte mich zu sich nach Hause. Beide Frauen erzählten mir unter Tränen, dass die Synagoge niedergebrannt worden war zusammen mit dem jüdischen Waisenhaus und dem Friedhof; alle männlichen Juden waren in der Nacht von den SS und den SA aufgegriffen worden und waren wahrscheinlich im Gefängnis und niemand wusste, was ihnen gerade passierte.

Plötzlich hatte ich das Gefühl, dass die Erde bebte. Etwas war in Gange, was der menschliche Verstand nicht begreifen konnte: Das Waisenhaus... der Friedhof... Doch hier war ich, im Hause von Frau Jacobsohn, wo ich nie vorher gewesen war. „Wo ist Ihr Mann?" fragte ich. Sie hielt sich die Hände vor die Augen. Das Telefon? Funktionierte es immer noch? Ja. Ich rief zu Hause an. Eine Stimme stammelte: „Herrgott, es ist Herr Propp." Es war die Glinka, meine

Haushälterin. Zunächst hörte ich nichts als Seufzen. Dann begann sie zu reden. Sie waren um 5 Uhr morgens gekommen. Ein Freund von mir war im Hause; er war am Abend zuvor, nachdem ich weggegangen war, mich besuchen gekommen und hatte beschlossen zu bleiben. Sie nahmen ihn mit. Sie hatten die Haushälterin über meinen Aufenthaltsort ausgefragt, aber sie wusste nichts.

Ich rief meinen Nachbarn an, einen Freund und Vertrauten. Er kam mit seinem Wagen und fuhr mich zu seinem Hause. Doch ein paar Stunden später wurde er nervös. „Sie beobachten mich, weißt Du." Ich wusste das: Er war ein wohlbekannter Nazigegner. „Meine Frau und meine Kinder würden gar nichts sagen," sagte er. „Wenn es nur um sie ginge, könnte ich Dich verstecken. Aber die Magd hat Dich gesehen. Sie weiß, wer Du bist, und weiß, was los ist."

Ich beschloss, alles Mögliche zu tun, um über die Grenze zu kommen. Ich dachte an Freunde, die bereits nach Litauen geflohen waren; sie würden dort auf mich warten. Ich rief meine Sekretärin, Fräulein May, an, die 20 Jahre lang für mich gearbeitet hatte. Ich bat sie, mir 3000 Mark von meinem Büro herüberzubringen. Ich rief Jim an und teilte ihm mit, wo ich war. Fräulein May kam nie zu mir mit dem Geld.

Jim hingegen kam sofort. Von ihm begann ich das volle Ausmaß der Katastrophe zu erfahren: Über ganz Deutschland waren Juden verhaftet worden; viele von ihnen waren in Konzentrationslager gebracht worden. Über ganz Deutschland waren Synagogen niedergebrannt. Jüdische Läden waren geplündert, Häuser ausgeraubt, Friedhöfe entweiht worden. Es war aus für die Juden. Doch wie konnte man da herauskommen? Wie konnte man sich retten? Wie über die Grenze gelangen? „Es wird schwierig sein," sagte Jim. „Auf den Hauptstraßen wird man nach fliehenden Juden Ausschau halten. Die einzige Chance ist, nachts zu fliehen, wenn sie müde sind und denken, sie hätten sie alle gefangen."

Dann hatte ich eine Idee: Es gab einen Mann namens Schneiderheit, einen großen, gutmütigen, verlässlichen Mann, der die (meist jüdischen) Viehhändler mit seinem großen, alten Ford durchs Land fuhr. Ich selbst war viel mit ihm unterwegs gewesen. Die Juden waren seine Einkommensquelle. „Ich will nach Tilsit kommen," sagte ich ihm am Telefon. „Heute Nacht. Haben Sie Zeit?" „Ich weiß nicht; muss es unbedingt heute Nacht sein? Kann es nicht bis morgen früh warten?" „Nein," sagte ich. „Heute Nacht." „Schon gut," antwortete er. „Kommen Sie um 11 herum herüber. Ich werde bereit sein. Ich muss auftanken." Er wusste, dass ich in Tilsit ein Sägewerk besaß. Er hatte mich oft dorthin gefahren.

Es war kurz vor elf, als ich zusammen mit Jim in seinem kleinen Auto aufbrach. Ich hatte nichts als meine Jacke.

Schneiderheit wohnte außerhalb der Stadt in einem abseits liegenden Dorf. Sein Wagen war nicht da. Seine Frau bat mich zu warten; ihr Mann sei gerade losgefahren, um Benzin zu bekommen. Schneiderheit kam nie zurück. Ein Mann in Polizeiuniform fuhr auf einem Motorrad heran, hielt an und fuhr wieder weg. Im Nachbarhaus war das Licht noch an. Es sah so aus, als ob jemand Schneiderheits Haus beobachtete.

„Lass uns in die Stadt zurückfahren," sagte Jim. „Etwas stimmt nicht. Es dauert viel zu lange." Wir waren fast in der Stadt angekommen und standen kurz davor, über eine Brücke zu gehen, als wir plötzlich ein Hupen hörten. Ein großer schwarzer Wagen raste an uns vorbei, hielt an und versperrte uns den Weg. Vier SS-Leute sprangen aus dem Wagen heraus, mit Pistolen bewaffnet. „Anhalten, Ihr Drecksjuden," schreiten sie. „Ihr dachtet wohl, Ihr könnt nach Tilsit und über die Grenze verschwinden? Wir wussten es. Schneiderheit hat uns alles erzählt."

Es war Mitternacht, als wir im Polizeirevier, dem Gestapo-Hauptkommissariat, eingeliefert wurden. Die vier Gestapomänner waren halbbetrunken. In der Geschäftsstelle waren nur zwei oder drei Männer. Sie stellten kaum Fragen. „Bring den Juden Propp in die Hauptzelle. Lass ihn schnell die Treppe runterlaufen: Vielleicht bricht er sich so den Hals."

Eine schmale Spiraltreppe führte 5 Stockwerke hinab in den Keller. Doch bevor ich zu weit hinunter war, konnte ich noch hören, wie ein Mann mit Fäusten geschlagen wurde, und ich hörte jemanden sagen: „Und Du bist nicht mal Jude! Du bist Katholik! Und sieh da, Du wolltest einem Juden helfen, über die Grenze zu kommen, und bildest Dir wohl ein, Du kannst sagen, es ist doch in Ordnung, ‚einem Freund helfen‘ zu wollen! Du, mit Deinem 400-Mark-Gehalt in einer Lieferungsfirma – Du kannst Dir sicher sein, das wird aufhören."

Die Spiraltreppe endete in einem kleinen Wachtzimmer. Ein alter Polizeiwachtmeister wartete auf mich. „Seien Sie nicht so aufgeregt. Sie können alle Ihre Sachen mitnehmen. Kommen Sie mit mir, Herr Propp; Hauptsache, Sie beruhigen sich." Ich folgte ihm eine kleine Steintreppe entlang in den Keller, einen langen Gang hinunter, an dessen Ende eine schwere Eisentüre stand mit riesigen Eisenstäben und einem Schloss von der Art, wie ich sie in alten Schlössern gesehen hatte. Er entriegelte die Türe. Ich hörte, wie die Tür sich hinter mir schloss, die Stäbe wieder an ihre Stelle fielen und das Schloss abgeschlossen wurde.

Es war ein gewölbter Kellerraum, fast dunkel. Irgendwo da oben muss es eine kleine Öllampe gegeben haben. Langsam fingen meine Augen an, sich an die Dunkelheit zu gewöhnen. Es gab nackte Wände und einfache schwarze Bänke, mit Menschen auf ihnen; Menschen, die vollständig mit

Mänteln bedeckt waren und Hüte auf dem Gesicht hatten; nur die Füße ragten heraus. In der Mitte des Raumes war ein Eimer. Ein alter Mann saß darauf.

Ich wurde plötzlich von einer Welle von Freude und Erleichterung erfasst. Es waren andere Leute da, andere Juden. Ich ging von Bank zu Bank und lüpfte die Hüte, die jedes Gesicht bedeckten. Einige wachten auf. „Propp," sagten sie, und dann schliefen sie wieder ein. Ich kannte die meisten von ihnen. Es gab 13 von ihnen, den Mann auf dem Eimer mit eingeschossen. In einer Ecke saß ein Mann aufrecht gegen die Wand und schlief nicht. Er räumte mir einen Platz auf seiner Bank ein. Ich legte mich nieder und schlief ein. Nach so einem Tag kann man auf einem Holzbrett oder wo auch immer schlafen.

Als ich aufwachte, war es schon Tag. Mein Nachbar saß immer noch aufrecht gegen die Wand. Er schaute die andere Wand an, als ob ich gar nicht da wäre. „Wer sind Sie?" fragte ich. „Ich kenne fast jeden hier, aber nicht Sie." „Ich bin Lehrer." „Was unterrichten Sie?" „Alte Sprachen... Ich habe einen Lehrstuhl an der Universität[8]." „Haben Sie Fa-

---

[8] Es handelt sich um den berühmten Altphilologen und Byzantinisten Paul Maas (1880-1964). Er war nach Königsberg gezogen, um einen Ruf an der dortigen Universität anzunehmen; er wurde 1934 wegen seiner rassischen Zugehörigkeit zwangsemeritiert. Später rettete er sich

milie?" „Ja: meine Frau. Sie ist Christin. Und zwei Töchter. Sie gehören beide der Hitlerjugend an. Ich hatte einen Sohn, aber er ist letztes Jahr gestorben. Er war 20. Wissen Sie, das ist das erste Mal in meinem Leben, dass ich mit Juden zusammen bin. Meine Eltern lebten in München. Sie waren reich von der Seite meiner Mutter. Mein Vater arbeitete nicht wirklich. Alle wichtigen Leute, die nach München kamen, kamen zu uns nach Hause. Als ich ein Kind war, hörte ich gar nichts über Juden, und ich habe nie in eine Synagoge meinen Fuß gesetzt. Doch habe ich immer meine Gebühren an die jüdische Gemeinde gezahlt. Ich weiß nicht, warum. Ich nehme an, ich dachte, dass man die Verbindung zu seinem Volk nie verliert, selbst wenn man nichts mit ihnen zu tun hat. Aber natürlich haben sie meinen Namen in der Liste der jüdischen Gemeinde gefunden. So bin ich jetzt hier." „Aber warum können Sie nicht schlafen?" fragte ich. „Warum starren Sie die ganze Zeit die Wand an?" „Ich habe die ganze Nacht lang nachgedacht," sagte er, „und jetzt weiß ich, warum die Juden im Mittelalter, in der Zeit der Kreuzzüge, sich lieber das Leben nahmen, als mit Christen umzugehen. Es hatte nichts damit zu tun, dass sie Juden waren, es hatte nichts mit Religion zu tun; es war aus Ekel. Sie zogen es vor, Selbstmord zu begehen, anstatt sich der rohen Gewalt von Menschen zu unterwerfen, die sie als

---

nach England und wurde Professor in Oxford, wo er bis zum Ende seines Lebens blieb."

Barbaren ansahen. Das war der Grund. Von dieser Zelle führt der Weg schnurstracks zu den Scheiterhaufen des Mittelalters. Es hat sich nichts geändert." „Und Sie?" sagte ich. „Was würden sie heute tun?" „Ich?" antwortete er. „Keine Frage. Ich würde mich viel eher selbst umbringen, als mich vor den Nazis zu demütigen."

Plötzlich erhellte sich die Zelle. Oder so schien es mir jedenfalls.

Mein erster Morgen im Gefängnis war eine Zeit völliger Verwirrung. Offensichtlich war keiner von uns je zuvor im Gefängnis gewesen, so hatten wir keine Ahnung, was wir tun sollten. Doch Soult, der alte Wachtmeister, half uns. Zunächst mussten wir unsere Mäntel aufeinander stapeln. Dann war Zeit zu duschen. Die große Tür öffnete sich und wir durften den Gang auf- und abgehen und uns waschen. Dann bekamen wir das Frühstück serviert: eine Blechdose mit heißem, dunklem, nach Chicorée schmeckendem Wasser – von Kaffee weit entfernt, aber es war wenigstens heiß – und etwas Brot, sogar ein bisschen Marmelade. Wir hatten Hunger und es schmeckte gut. Wir ließen nicht zurück. Doch was nun? Was würde mit uns geschehen? Was passierte gerade bei uns zu Hause, mit unseren Frauen und Kindern? Was würden sie mit uns tun? Arbeitslager, Konzentrationslager – oder noch schlimmer? Würden wir unsere Familien jemals wiedersehen? Oder unsere Besitztümer? Diese Gedanken plagten uns wie Insekten.

79

Selbstverständlich mussten wir uns irgendwie beschäftigen, sollten wir nicht der Verzweiflung anheimfallen. Zu diesem Zeitpunkt waren wir 12: Zwei waren mitgenommen worden, wir wussten nicht, wohin. Ich wurde zum Vorsitzenden ernannt, und wir beschlossen, unsere Zeit damit totzuschlagen, einander Sachen beizubringen. Wir nannten es „Erwachsenenbildungsprogramm". Maas, der Lehrer, unterrichtete Englisch. Jim unterwies uns in verschiedenen Arten des Boxens und in Ju-Jitsu. Falkenstein war besonders vielseitig. Er war Glaser, so gab er Vorträge über die Geschichte des Glases und darüber, wie es gemacht wurde. Doch war er, der um die 60 war, auch für die Unterhaltung zuständig. Er behängte sich mit irgendwelchen Kleidern und führte vor, wie die tanzenden Mädchen in den Cabarets, etwa 40 Jahre früher, getanzt hatten. Er imitierte ihre reizenden Bewegungen so perfekt, dass wir uns totlachten.

Ein Automechaniker brachte uns bei, wie Motoren und Automobile zusammengestellt wurden. Ein Briefmarkenverkäufer sprach über seltene Briefmarken. Ich selber musste über Holz Vorträge halten. Außerdem war ich zuständig für Übungen, die wir jeden Morgen und Abend durchführten. Es gab zwei junge Brüder in der Zelle, gute Jungen, um die 20. Sie waren musikalisch. Jeden Abend, wenn wir uns auf die Bänke legten, sangen und pfiffen sie Duette und lullten uns in den Schlaf.

Die anderen, die nichts Besonderes beizutragen hatten, waren dafür zuständig, die Zelle sauber zu halten. Unsere Regeln waren streng: Die Böden und Bänke mussten geschrubbt werden, die Decken, sobald wir welche bekamen, gewaschen und die Toiletteneimer mussten so sauber gehalten werden wie Besteck.

Innerhalb einer Woche waren wir weitgehend aneinander gewöhnt. Es hatte sich außerdem herumgesprochen, wo wir waren. Es kamen Essenspakete ein. Alles wurde geteilt. Jeder versuchte zu verhindern, dass die anderen die Hoffnung aufgaben. Doch wenn wir auf den Bänken lagen, wurden wir alle, so ruhig wir auch aussehen mochten, von den fürchterlichsten Gedanken heimgesucht. Da sprach denn auch niemand. Die Angst lag wie eine Wolke über uns. Ich dachte darüber nach, was das Beste war, worauf ich hoffen konnte. Ich neigte dazu, anzunehmen, dass die Konzentrationslager zu weit weg von Ostpreußen und bereits zu voll waren, als dass ich dorthin gesandt werden würde. Ich erinnerte mich, wie während des Krieges russische Soldaten auf den Feldern als Zwangsarbeiter benutzt worden waren. Vielleicht würde ich als Arbeiter in das nahe Samland versetzt werden, wo einige Leute mich kannten. Das war das Beste, worauf ich zu hoffen wagte. Falls das mein Schicksal war, würde ich wenigstens nicht verhungern oder erfrieren, und würde womöglich sogar ein richtiges Bett haben.

Es gab zwei Männer, die anscheinend nichts aus der Fassung bringen konnte. Der eine war Maas, der Lehrer. Er fühlte sich im Gefängnis so ziemlich wie zu Hause: Er war einer dieser hochintellektuellen Menschen, die von der äußeren Umgebung wenig berührt werden. Er aß mit einem großen Appetit alles, was ihm vorgesetzt wurde oder was ein anderer in seinem Glas oder auf seinem Teller zurückgelassen hatte, als ob er sein ganzes Leben lang nichts als Gefängnisessen gegessen hätte. Der einzige andere Mensch, dessen Laune nie verdorben wurde, war der alte Wachtmeister Soult. Allmählich ließ er uns mehr Zeit im Gang verbringen als in der Zelle. Der Gang war hell und hatte Fenster; durch die vergitterten Fenster konnten wir in die äußere Welt hinausschauen. Dieser schmale Gang, in den viele Zellen mündeten, erschien uns als ein wunderbarer Ort im Vergleich mit der Zelle.

„Wissen Sie," sagte er mir einmal, „ich bin seit 1925 ein Nazi gewesen. Meine Söhne auch. So war ich 1933 damit beauftragt, das Lager in Quednau aufzustellen. Ich tat meine Pflicht, ich tat, was getan werden musste. Doch haben wir die Menschen nie geschlagen. Ich habe immer ein Herz gehabt. Wenn wir Unterwäsche übrighatten oder sammeln konnten, gab ich sie den Gefangenen. Ich sag's Ihnen, nur unter uns: Eins verstehe ich nicht. Ich bin ein guter Nationalsozialist, wissen Sie, und ein guter Deutscher dazu; aber dieses Ding mit den Juden, ich kann es einfach nicht sehen.

Ich war jahrelang Polizeiwachtmeister in den Vororten, wo viele Juden leben. Sie haben nie jemandem etwas zuleide getan. Viele von ihnen waren Soldaten im Krieg, keiner von ihnen betrog irgendjemanden. Sie waren gute Bürger."

„Herr Wachtmister," sagte ich plötzlich, „können wir nicht irgendwelche Zigaretten bekommen, oder Zigarren?" „Nein," sagte er. „Sie sind vorläufig für Ihre Gruppe verboten." Doch er zog eine große schwarze Zigarre heraus, zündete sie an und rauchte sie. Jemand rief ihn und er ging in sein Zimmer; dabei ließ er die Zigarre in einem Aschenbecher zurück. Wir 12 rauchten sie zu Ende.

Eines Morgens wurde Jim vorgeladen. Er kam 10 Stunden später zurück. Er sah so blass und gebrochen aus, dass niemand ihm Fragen zu stellen wagte. Er zog sich in eine Ecke der Zelle zurück. Es herrschte Totenstille. In der Nacht sprach er mit mir. „Sie wissen alles. Es ist erstaunlich, wieviel sie wissen. Drei Männer haben mich ausgefragt. Alles, von meiner Geburt an. Sie wissen, dass ich in Budapest für Béla Kun gekämpft habe, zur Zeit der kommunistischen Revolution. Sie wissen, was ich in Russland tat. Wenn sie jetzt in mein Haus gehen, werden sie Stalinbilder finden. Sie denken, ich bin ein Spitzel, sie denken, das ist der Grund, warum ich in der Lieferungsfirma Arbeit gefunden habe."

Am nächsten Tag sagte mir Wachtmeister Soult: „Es ist jetzt sicher. Sie werden hier bald herauskommen. Aber nicht Ihr

Freund Jim. Er wird hier nie herauskommen." Wir saßen
bedrückt in der Zelle, als die Tür aufknarrte. Vier SA-
Männer standen da. Sie waren jung, mit steinernen Gesich-
tern. „Jude Propp, kommen Sie her." Ich folgte ihnen. Sie
führten mich hinaus zu einem Wagen. Ich stieg hinein.
Niemand sprach. Der Wagen fuhr in die Richtung des
Braunen Hauses. Das war, wo Juden und Nichtjuden zu
Tode gefoltert wurden. Wir bogen in eine andere Richtung
ab. Plötzlich dachte ich: Das ist noch schlimmer: der Friedhof. Schneller „Prozess", gleich neben dem offenen Grab.

Aber nein. Noch eine Kurve, auf ein Bürogebäude zu. Büros
mit Menschen mit und ohne Uniform. Büros immerhin –
Gott sei Dank für die Büros! Besser als die anderen Orte.
Plötzlich sah ich Fräulein Mey, meine alte vertraute Fräulein
Mey. Es gab andere Leute dort, höfliche Leute. Es waren die
örtlichen Nazichefs. Der neue Bezirksleiter war da. Er kam von
Tilsit und kannte mich. Da war außerdem, in Uniform, Herr
Notar Wolff, ein Freund meines Bruders. Ich atmete auf.

„Herr Propp," sagte er, „hier ist Fräulein Mey. Sie hat uns
informiert, dass Sie versprochen haben, ihr Ihr Grundstück
in Hinterrossgarten 40 zu übereignen zum Dank für ihren
langjährigen treuen Dienst. Stimmt das?" Fräulein Mey saß
direkt neben mir. Sie stieß mich mit ihrem Fuß an. Plötzlich
dachte ich: Sie will das Grundstück für mich retten, indem
sie es auf sich übertragen lässt. Ansonsten könnte es gleich
konfisziert werden. „Es stimmt," sagte ich. Der Bezirksleiter

sagte mit Nachdruck: „Sie sind in keiner Weise unter Druck hier. Niemand zwingt Sie, das Grundstück zu übereignen. Ich wiederhole: niemand." „Es stimmt," widerholte ich. „Sehr gut. In diesem Fall haben wir Herrn Notar Wolff hier, der das Übereignungsdokument aufsetzen wird."

Nur später fand ich heraus, dass das Ganze ein Trick war, den man im Vorhinein organisiert hatte. Vielleicht hatte sie am Anfang wirklich helfen wollen. Aber am Ende hatte die Gier gesiegt. Und dennoch – was ist ein Grundstück wert, wenn jemand am Braunen Haus vorbeigefahren worden ist, und am Friedhof? Ich war erleichtert, als ich in meine Zelle zurückgebracht wurde. Auch die anderen atmeten auf, als sie mich sahen.

Am nächsten Tag wurde Jim nochmal von der Gestapo vorgeladen. Er kam nur nach ein paar Stunden zurück. Diesmal sah er nicht so niedergeschlagen aus. „So...?" fragte ich. Er streckte sich auf der Bank hin und murmelte: „Eine Freikarte hier heraus – wen kümmert denn alles andere? Auf jeden Fall hatte ich keine Wahl." Ich verstand nicht, wovon er sprach. Ich wollte ihn nicht fragen.

Soult kam mich abholen und führte mich hinauf zur Polizeistation. Im Zimmer stand eine wunderschöne Frau, die mich auf eine freundliche Weise ansah. Ich erstarrte: Ich hatte sie in meinem ganzen Leben nie gesehen. Doch offensichtlich würde sie mich anzeigen. Und der Rassenschande bezichtigt zu werden würde für mich das Ende bedeuten. Doch stattdessen sagte sie, in einem eher beiläufigen Ton: „Guten Tag. Sie müssen wissen, dass mein Mann die rechte Hand von Gauleiter Koch ist. Ich habe gehört, dass Sie daran denken, Ihre Villa in der Kronprinzenstraße zu verkaufen. Ich bin mir sicher, Sie werden keine Einwände haben, wenn ich sie kaufe." Nun, dachte ich, ein Haus zu verlieren ist besser als Rassenschande. „Gewiss," antwortete ich, „es würde mich sogar freuen."

Kurze Zeit danach kam das Ende meines Gefängnisaufenthaltes. Doch erst gab es einen letzten Besuch in der Polizeistation. Da waren ein Polizeihauptmann in Uniform und drei Männer in Zivilkleidung. Einer war der Bezirkswirtschaftsberater der Polizei. „Wir haben gehört, Herr Propp, dass Sie ihren ganzen Grundbesitz aufgeben wollen?" „Oh ja, schon lange." In der Tat war Herr Schulze-Roevelt schon sehr lange an meinem Grundbesitz interessiert gewesen. Es passte ihm jetzt gerade recht, dass er eine Gelegenheit hatte, ihn sich kostenlos aneignen zu können. „Herr Hauptmann, ist es Ihnen wichtig, dass Herr Propp im Gefängnis bleibt?" „Es hängt völlig von Ihnen ab," sagte der Hauptmann. „Unseretwegen mag er..." „Sie sind frei, Herr Propp," sagte der Hauptmann. Im Gegenzug für meinen Besitz war ich nicht mehr „Propp", sondern „Herr".

Ich ging mit gemischten Gefühlen in die Zelle zurück. Alle anderen Insassen schauten mich an, stellten aber keine Fra-

gen. In der Zelle wurden keine Fragen gestellt: Jeder wartete, bis einer etwas sagen wollte. „Ich darf gehen," sagte ich
langsam und erzählte, was passiert war. Alle schwiegen. Jeder dachte: Warum du und ich nicht?

Aber sie halfen mir, meine Sachen zu sammeln, die Dinge,
die meine Haushälterin Glinka für mich gebracht hatte.
Dann kam jeder von ihnen alleine zu mir: „Kannst Du meine Mutter besuchen?" „Kannst Du meine Frau besuchen?"
„Kannst Du...?" „Kannst Du...?" Ich hatte ein Notizbuch
und schrieb alle Adressen auf. Ich versprach jedem von
ihnen, dass ich tun würde, worum er mich bat. Besonders
Jim – Jim, der mit uns Juden in einer Zelle saß, weil er versucht hatte, mir über die Grenze zu helfen, Jim, der um
meinetwillen wahrscheinlich seine Stelle verlieren würde.
Nur Gott wusste, was mit ihm geschehen würde.

Als ich in den Tag hinauskam, um Mittag, wurden meine
Augen vom Licht geblendet. Es war Samstag. Die Menschen
gingen gerade nach Hause nach der Arbeit. Dem Gefängnis
gegenüber gingen die Leute hin und her; die Straßen wim-
melten von Menschen. Ich blieb stehen und starrte. Gerade
jetzt saßen hunderttausende Juden in Konzentrationslagern,
wurden der Ersparnisse eines ganzen Lebens beraubt, wurden geschlagen und getötet – und da waren Leute, die kamen und gingen, lachten und lebten, als ob die Juden nichts
mit ihnen zu tun hätten. Doch es ging nicht wirklich um
die Juden, es ging um einfache Gerechtigkeit, um menschli-

chen Anstand. Ich wurde gleich von einer Welle von Hass erfasst.

Ich nahm nicht die Straßenbahn nach Hause. Ich wollte mich nicht unter diese Leute mischen. Stattdessen ging ich schnell zum Litauischen Konsulat. Das war der Ort, wo Jims Freundin, Fräulein Markow, arbeitete. „Eine Botschaft von Jim," sagte ich. „Er möchte, dass Sie zu seiner Wohnung fahren und alles entfernen, was nicht gut aussehen würde. Sie haben den Schlüssel." „Ich habe es schon getan," sagte sie. „Eine halbe Stunde nach seiner Verhaftung. Die Gestapo ist zu spät angekommen."

Ich ging nach Hause. Ich nahm ein Bad, um den Gefängnisschmutz wegzuwaschen. Das Haus kam mir seltsam vor. Dann ging ich zu Konsul Haslinger, dem Leiter der Lieferfirma, in der Jim arbeitete. Ich berichtete ihm, was Jim gesagt hatte. „Es freut mich, dass Sie gekommen sind," sagte er. „Doch was Jim angeht… Ich weiß nicht, ob ich etwas für ihn tun kann; gewiss kann er nicht länger für mich arbeiten. Wie auch immer, er wurde allmählich etwas sonderbar. Vielleicht hatte er ein Problem mit einer seiner Freundinnen. Seine Arbeitsleistung ließ nach. Doch kommen Sie mich wieder mal besuchen! Vielleicht kann ich später besser beurteilen, was wir für Jim tun können."

Mein nächster Besuch war bei einem alten Haus in Sackheim. Dort gab es eine dunkle Wohnung, in der drei Frauen saßen, die verzweifelt waren über einen 16jährigen Jungen aus Riga, ihren Neffen, der einer meiner Mitinsassen gewesen war. Von ihnen hörte ich eine seltsame Geschichte. Als alle männlichen Juden verhaftet wurden, forderten die drei Frauen aus Angst den Jungen auf, sich bei der nächsten Polizeiwache zu melden. Er ging hin und die Polizei sagte, er solle heimgehen und warten, bis er abgeholt wird. Doch es kam niemand. Die Frauen wurden immer nervöser. So schickten sie ihn zu einem SA-Posten. Endlich nahmen ihn die SA auf. Erst später erfuhren sie, dass einige jener männlichen Juden entlassen worden waren. Jetzt machten sie sich bittere Vorwürfe. Ich konnte ihnen nur raten, stark zu bleiben. Dass der Junge noch am Leben war, beruhigte sie etwas.

Bald kam der Montag, mein erster Arbeitstag nach meiner Verhaftung. Sobald ich mein Büro betrat, herrschte Totenstille. Nur Frau Zimmermann weinte. Sie war die Buchhalterin und für das Geld zuständig. Fräulein Mey, die das Haus bekommen hatte, sagte nichts. Seltsam, dachte ich, dass Fräulein Mey nichts sagt, aber Frau Zimmermann weint. Sie muss mir mehr ergeben sein, als mir bewusst war. Ich blieb bei ihr stehen und versuchte, sie zu beruhigen, doch sie sagte immer wieder dasselbe: „Ich habe keine einzige Nacht geschlafen, keine einzige. Ich komme nicht darüber hinweg." „Nun," dachte ich, „einige Menschen zumindest…" Hin und wieder konnte ich inmitten ihres Seufzens das Wort „Schwester" ausmachen. „Welche Schwester?"

dachte ich. Ich wusste nicht, dass sie eine hatte. „Ihre Schwester," sagte sie. „Erinnern Sie sich an das Geschäft mit Ihrer Schwester? Als sie von Paris nach Berlin für die OP kam? Sie ließen mich einen Wechsel über 500 Mark ausstellen. Doch Ihre Schwester wohnt in Paris. So zählte das als Fremdwährungswechsel, nicht wahr? Und Sie wissen, dass man dafür eine Erlaubnis braucht. Es war vor zwei Jahren, und seitdem habe ich nie eine einzige Nacht durchgeschlafen. Ich habe ja den Wechsel unterschrieben, so wird man mich dafür mitverantwortlich machen. Ich muss es berichten, bevor sie es herausfinden. Es sei denn, ich bekomme 5000 Mark; sonst muss ich es berichten." Ich rief Bottke, den Schatzmeister, an. Er verhandelte mit Frau Zimmermann. Am Ende bekam sie 3000 Mark.

Freudenreich tauchte wieder auf. Er hatte 18 Jahre lang bei mir gearbeitet, zuletzt als Leiter des Sägewerks in Juditten. Es hatte ein Problem gegeben: Die Bilanz des Sägewerkes war 1800 Mark gewesen; doch die Geldkasse war leer. Freudenreich hatte das Geld nicht für sich selbst genommen, erklärte er. Er brauchte es für seine Familie. Die Kinder waren krank gewesen. „Freudenreich," hatte ich gesagt, „Sie können es in Raten zurückzahlen."

Ich war zu Damm gegangen, dem Holzgroßhändler, und hatte Freudenreich eine neue Stelle beschafft. Das Gehalt war höher und er hatte nichts mit den Finanzen der Firma zu tun. Ich dachte, jetzt geht es ihm und seiner Familie bes-

90

ser. Doch nun tauchte er wieder auf und sagte: „Natürlich bin ich Ihnen sehr dankbar, aber wie Sie wissen, habe ich so lange für Sie gearbeitet, da könnten Sie mir womöglich finanziell etwas aushelfen, bevor sie Deutschland verlassen. Ich habe eine große Familie."

„Sie sind ein junger Mann," sagte ich, „Sie haben Ihre Familie. Sie haben eine gute Stelle, eine gute Zukunft. Nun muss ich mit fast leeren Händen Deutschland verlassen. Haben Sie mal daran gedacht, dass ich vielleicht mal etwas für mich selbst behalten darf, statt das Wenige, was mir übrigbleibt und was ich mitnehmen könnte, wegzugeben?" Er lächelte schwach und verschwand.

Ich verkaufte ein Haus, das ich in Berlin besaß. Der Käufer war früher Gehilfe des Sozialistenleiters Hugo Hause gewesen. „Sie können auf mich zählen," sagte er. „Ich bin immer noch durch und durch Sozialdemokrat." Die Zahlung kam nie. Zuletzt kam selbst meine gute alte Haushälterin Glinka mich besuchen. „Jetzt hat jeder andere etwas bekommen," sagte sie; „nur ich bin zu Ihnen gut und treu gewesen. Soll ich mit leeren Händen dastehen?" Sie war begeistert, 1000 Mark zu bekommen, und packte nicht mal das Pelz und die Halskette ein, die ich ihr angeboten hatte.

Zu diesem Zeitpunkt waren alle anderen nunmehr aus dem Gefängnis entlassen worden, Jim mit eingeschlossen. Ich ging wieder zu Konsul Haslinger um Jims Willen. „Machen

Sie sich um ihn keine Sorgen," sagte er. „Er wird von nun an weder Sie noch mich brauchen." Er weigerte sich, mehr dazu zu sagen. Ich hatte keine Ahnung, was er meinte. Dann kam Jim zu mir; er war in Berlin gewesen. „Morgen heirate ich," sagte er, „Fräulein Markow. Am Hotel Berliner Hof. Nur eine kleine Gruppe von Freunden." Er lud mich mit keinem Wort mit dazu ein. Ich schwieg. „Ich habe eine Stelle bekommen," sagte er, „als Leiter eine Lieferfirma in Budapest. Die wird gerade für mich völlig umgestaltet." Dann ging er zu einem Telefon. „Gestapo?" sagte er. „Ich möchte Herrn Oberregierungsrat Fixon sprechen." Fixon war der Gestapoleiter in Königsberg. „Simkowitz hier. Ich werde um 12 dort sein. Werden Sie dabei sein?"

Jetzt, endlich, verstand ich. Lange herrschte Stille zwischen uns. Dann fing er an zu sprechen. „Ich hatte keine Wahl," sagte er. „Es war eine Freikarte dort heraus – andernfalls... Und selbst das war mehr Glück denn irgendetwas anderes. Sehen Sie, einer von Himmlers Spitzenleute war einmal hier in Königsberg. Er hatte eine Freundin hier und hatte ein Kind mit ihr. Fräulein Markow und ich kannten die Frau, und er kannte mich. Deswegen stellten sie mich mit ihm in Verbindung. Was dann passierte, nun, dass kannst Du selbst sehen."

Am Tag vor meiner Abreise von Deutschland besuchte ich Wachtmeister Soult. Er wohnte in einem kleinen heruntergekommenen Haus nahe Metgethen. Es war nicht leicht, ihn ausfindig zu machen. „So," sagte er, als ich ihm ein Päckchen mit Kleidern für die jetzigen Insassen händigte, „Sie haben nicht vergessen. Versuchen Sie, nicht allzu gering von Deutschland zu denken. Ich hoffe, alles wird gut für Sie. Viel Glück. Doch muss ich Sie um einen Gefallen bitten: Schreiben Sie mir nicht!"

Jedes Jahr am 10. November finde ich mich in Gedanken in der Gefängniszelle wieder. Da frage ich mich: Was ist aus meinen Zellenkameraden geworden? In manchen Fällen weiß ich es: Maas rettete sich nach England. Löwenstein ging nach Brasilien. Und an einem Novembertage in den Fünfzigerjahren bekam ich einen Brief von Falkensteins Tochter. Ihr Vater, der mit ihr gelebt hatte, war gerade gestorben. Oft, schrieb sie, hatte er von unserem Zusammensein im Gefängnis gesprochen.

Wie oft denke ich an Falkenstein! Da waren 12 Juden zum ersten Mal zusammen im Gefängnis. Sie waren von den Nazis aus ihren Betten gerissen worden, ihre Häuser zerstört, ihre Synagogen niedergebrannt, ihre Friedhöfe entweiht worden; und doch tanzte ein Mann in den Sechzigern. Den Tod vor jedermanns Augen, lachten 12 Juden und vergaßen alles, was um sie herum war und ihnen bevorstand. Welch ein Lebenswille! Vielleicht ist das der Grund, dass es trotz allem, was passiert ist, noch Juden in dieser Welt gibt.

Arthur Propp

Affidavit of Identity in lieu of Passport

Name: Arthur Propp

Birthplace and date: June 2nd 1890, at Koenigsberg East Prussia Germany

Present and permanent address: Gibson's Landing B.C. Canada.

Reason for not having passport: Lost German citizenship when all
                                  German Jews lost their citizenship by
                                  decree of German Government in 1940

Last passport in possession of Arthur Propp was issued at Koenigsberg by
the police department in that city year 1939 with validity of one year.
Upon making application for renewal of passport at German Consulate
in La Paz, Bolivia in 1940, passport was confiscated with statement that
applicant had lost his German citizenship.

Photograph: Attached hereto.

Color of hair: black with grey streaks.
Color of eyes: Brown
Height: 5' 9"
Weight: 190 lbs.
Marks of identification: None

Bolivian certificate of safe conduct attached.

Sworn before me this the 8th day of
September 1950. at Gibsons in the
Province of British Columbia.

Notary Public, in and for the
Province of British Columbia.

Das Ersatzdokument, mit dem Arthur anstatt mit einem Pass nach Kanada reisen musste, weil 1940 allen Juden die deutsche Staatsbürgerschaft entzogen worden war.

Sterbeurkunde.

Nr. 1492.

Königsberg/Pr. am 28.November 19 33

Vor dem unterzeichneten Standesbeamten erschien heute, der Persönlichkeit nach
durch Reisepass

_____ an er _____ fannt,

die berufslose Else Kopetzky

wohnhaft in Königsberg/Pr. Hammerweg 22
und zeigte an, daß die verwitwete Geschäftsinhaberin
Margarete Kopetzky, geborene Alschafsky,

40 Jahre alt,
wohnhaft in Königsberg/Pr. ebenda
geboren zu Berlin

zu Königsberg/Pr. Hammerweg 22 in ihrem Beisein
am siebenundzwanzig ten November
des Jahres tausend neunhundert dreiunddreissig
nach mittags um siebendreiviertel Uhr
verstorben sei.

Vorgelesen, genehmigt und unterschrieben.
Else Kopetzky

Der Standesbeamte.

Salke

Daß vorstehender Auszug mit dem Sterbe-Haupt-Register des Standesamts zu
Königsberg/Pr. I
_____ gleichlautend ist, wird hiermit bestätigt.
Königsberg/Pr. am 28.November 19 33.

Der Standesbeamte.

(Siegel.)

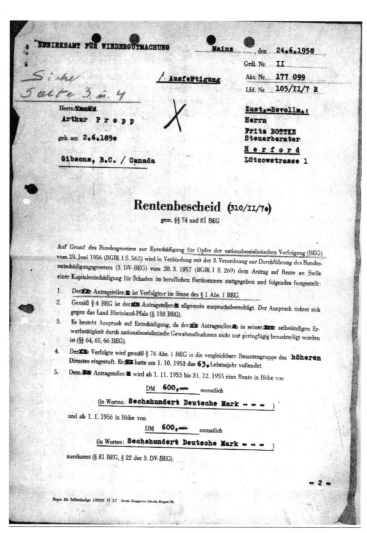

Mains , den 24.6.1958

Grdl. Nr. II

Akt. Nr. 177 099

Lfd. Nr. 105/II/7 R

Sihr

5 aete 3. 4.4

1. Ausfertigung

Herrn

Arthur P r o p p

geb. am 2.6.1890

Gibsons, B.C. / Canada

Zust.-Bevollm.:

Herrn

Fritz BOTTKE
Steuerberater

H e r f o r d

Lützowstrasse 1

Rentenbescheid (310/II/7a)

gem. §§ 74 und 81 BEG

Auf Grund des Bundesgesetzes zur Entschädigung für Opfer der nationalsozialistischen Verfolgung (BEG) vom 29. Juni 1956 (BGBl. I S. 562) wird in Verbindung mit der 3. Verordnung zur Durchführung des Bundesentschädigungsgesetzes (3. DV-BEG) vom 20. 3. 1957 (BGBl. I S. 269) dem Antrag auf Rente an Stelle einer Kapitalentschädigung für Schaden im beruflichen Fortkommen stattgegeben und folgendes festgestellt:

1. Der Antragsteller ist Verfolgter im Sinne des § 1 Abs. 1 BEG.

2. Gemäß § 4 BEG ist der Antragsteller allgemein anspruchsberechtigt. Der Anspruch richtet sich gegen das Land Rheinland-Pfalz (§ 188 BEG).

3. Es besteht Anspruch auf Entschädigung, da der Antragsteller in seiner selbständigen Erwerbstätigkeit durch nationalsozialistische Gewaltmaßnahmen nicht nur geringfügig benachteiligt worden ist (§§ 64, 65, 66 BEG).

4. Der Verfolgte wird gemäß § 76 Abs. 1 BEG in die vergleichbare Beamtengruppe der **höheren** Dienstes eingestuft. Er hatte am 1. 10. 1953 das **63.** Lebensjahr vollendet.

5. Dem Antragsteller wird ab 1. 11. 1953 bis 31. 12. 1955 eine Rente in Höhe von

DM **600,—** monatlich

(in Worten: **Sechshundert Deutsche Mark - - -**)

und ab 1. 1. 1956 in Höhe von

DM **600,—** monatlich

(in Worten: **Sechshundert Deutsche Mark - - -**)

zuerkannt (§ 81 BEG, § 22 der 3. DV-BEG).

- 2 -

Die erste Seite der Restitutionsbescheids von 1958.

Die Wahl der Rente ist endgültig.

Dem/der Verfolgten steht für die Zeit vor dem 1.11.1953 eine Entschädigung in Höhe der Rentenbezüge eines Jahres zu (§ 83 Abs. 3 BEG und § 23 Abs. 1 der 3. DV-BEG).

Es werden somit nach Zustellung des Bescheides nachgezahlt:

a) Entschädigung der Rentenbezüge eines Jahres	DM	7.200,—
b) Rente vom 1.11.1953 bis 31.12.1955 26 Monate zu DM 600,—	DM	15.600,—
c) Rente vom 1.1.1956 bis 31.8.1958 32 Monate zu DM 600,—	DM	19.200,—
insgesamt:	DM	42.000,—

Hierauf sind folgende Leistungen anzurechnen:

	DM	—,—
Verbleibt an den/die Verfolgte/n zu zahlen:	DM	42.000,—
Die laufende Rente ab 1.9.1958 von	DM	600,—
und die Rentennachzahlung von	DM	42.000,—

sind gemäß § 169 Abs. 2 BEG fällig.

Der Rentenanspruch geht gemäß § 85 BEG auf die Ehefrau über, sofern die Ehe vor dem 1.10.1953 geschlossen ist, und zwar in Höhe von 60% der dem Berechtigten zuerkannten Rente.

Rechtsmittelbelehrung:

Dieser Rentenbescheid wird 6 Monate nach Zustellung rechtskräftig, wenn nicht innerhalb dieser Frist Klage gegen das Land Rheinland-Pfalz, vertreten durch den Leiter des Landesamtes für Wiedergutmachung und verwaltete Vermögen als Vertreter des Landesinteresses, vor dem Landgericht — Entschädigungskammer — in Mainz erhoben wird.

Die gerichtliche Nachprüfung bezieht sich nicht auf die mit diesem Bescheid zugesprochene Entschädigung.

- 3 -

S a c h v e r h a l t

Mit Antrag vom 12.11.1956 erhebt der Antragsteller Anspruch auf
Entschädigung für Schaden im beruflichen Fortkommen.

Der Antragsteller war deutscher Staatsangehöriger und ist Jude
(Bl.82).

Aufgrund nationalsozialistischer Verfolgungsmassnahmen verliess
er seinen letzten inländischen Wohnsitz in Königsberg/Ostpr.
und wanderte im Jahre 1939 über England nach Canada aus, wo er
auch heute noch wohnhaft ist (Bl.15,4o).

Nach eigenen Angaben des Antragstellers war er Inhaber der Firma
Arthur PROPP, Sägewerk und Holzhandel, in Königsberg/Ostpr.,
Kronprinzenstrasse 13a. Durch die Flucht habe er seine Existenz
verloren (Bl.33,68).

Die in den Akten befindlichen Unterlagen und die durchgeführten
Ermittlungen lassen erkennen, dass die Angaben des Antragstellers
zutreffend sind (Bl.3o-39,146,147).

- 4 -

Arthur und seine zweite Ehefrau Elsa Kopetski

Arthur, Max und der kleine Dan

Arthur und sein Sohn Dan

Arthur in Gibsons, British Columbia

Abschied von Deutschland

In Königsberg am letzten Sonntagabend saßen bei mir in der Kronprinzenstraße ein paar Menschen, die wussten, dass ich tags darauf weggehen werde. Es war ein warmer Sommerabend und man sah von der offenen Veranda weit hinaus auf die Gärten und roten Dächer von Amalienau.

Es wurde wenig gesprochen; alle fühlten den Ernst der Stunde auch an sich selbst, jeder dachte, nun geht auch Propp – kommen wir auch noch heraus? Jeder wusste, der Krieg steht vor der Türe, und dann schloss sich das deutsche Gefängnis für immer. Und damit auch die letzte Hoffnung auf ein Leben in Freiheit.

Ich aber dachte, wie seltsam das alles ist. Ich selbst war immer ein Jude, aber die da um mich herum – welch merkwürdiges Schicksal verknüpft sie, diese Menschen, mit dem Judenschicksal.

Maas war da. Ein Mann, der zum ersten Male in seinem Leben mit Juden im Gefängnis zusammenkam. Seine Frau war eine christliche Dänin, seine Kinder Christen. Er selbst war ein Universitätsprofessor für vorhistorische Sprachen.[9]

---

[9] Eigentlich für Alte Sprachen (vgl. S. 9)

Walter Cohn war ein Oberlandesgerichtsrat gewesen. Gewiss war er Jude, aber ganz wider Willen und innerlich ein Antisemit, wie es manches Mal unter Juden vorkam.

Eugen Cohn, der mit einer Christin verheiratet war, und naher Freund des Botschafters v. Etzdorff; der Sohn von Fritz Cohn, der Vertreter des Kaisers für Cadinen gewesen war.

Weinberg war der Vormund für meine kranke Frau. Ich hatte ihn ausgewählt, weil er gute Beziehungen zu den Nazis hatte. Er war der Vorsitzende vieler ostpreußischer Sportvereine gewesen und Leiter der Sportschule Metgethen, wo auch Naziführer ausgebildet wurden. Erst spät entdeckte er, dass seine Eltern getaufte Juden waren. Er hatte nie etwas davon gewusst. Er war Offizier gewesen, hatte die Regimentgeschichte geschrieben, er war öfter mit seiner christlichen Frau und Sohn zu Gast bei dem kommandierenden General.

Und Elsa Kopetski,[10] die die einzige weibliche Person an diesem Abend bei uns war, war ebenfalls als Christin aufgewachsen, bis in der Hitlerzeit sich herausstellte, dass der Vater getaufter Jude war.

Ein paar Tage vorher waren bei mir Abschied nehmend R. A. Demant, der mit der Tochter eines Pastors verheiratet gewesen war, und R. A. Sandelovsky, aus Tilsit, für dessen

---

[10] Es handelt sich wohl um Arthur Propps zukünftige (zweite) Ehefrau und Dans Mutter, die er in Bolivien heiraten sollte; siehe aber unten.

Kind ich Taufpate gewesen war. Beide, wie auch Weinberg, waren Offiziere gewesen. Maas war türkischer Major gewesen und hatte ebenfalls hohe Auszeichnungen.

Maas sah ich in London wieder. Er war Professor in Oxford für prähistorische Sprachen[11] und schrieb ein Wörterbuch der Prähistorik für die Universitätsbücherei von Cambridge. Er schrieb meinem Sohn Max nach Brighton: „Dein Vater ist nun nach Südamerika unterwegs, Deine Mutter ist krank; komm zu mir nach Oxford während Deines Urlaubs und wenn Du Rat und Hilfe brauchst, ich bin immer für Dich da." Maas kannte meinen Sohn gar nicht.

Meine kranke Frau und ihre kranke Schwester wurden von den Nazis nach Auschwitz gebracht. Ich weiß nur den Tag ihrer Verschickung. Walter Cohn – ich weiß nichts von ihm. Aber ich denke, er wird sich – wie ich ihn kenne – erschossen haben.

Eugen Cohn war der einzige Jude von Königsberg, der überlebte. Seine christliche Frau hielt treu zu ihm; auf der Flucht vor den Russen ertrank sie. Eugen, ein gebrochener Mann, starb ein paar Jahre später im Altersheim Hamburg.

Weinberg wurde der Judenwart: der Mann mit den Hiobsbotschaften im Auftrage der Nazis. Er wurde von den einmarschierenden Russen, wie ich hörte, mit Knüppeln totgeschlagen.

---

[11] Anm. 7

R. A. Sandelovski soll sich nach Kovno gerettet haben; er war ebenfalls ein Opfer der Russen bei ihrem Einzug nach Kovno.

Demat, der nie etwas mit jüdischen Dingen zu tun gehabt hatte, stellte sich in der Zeit der Verfolgung an die Spitze der jüdischen Gemeinde. Er war immer ein Haudegen gewesen, und er starb, des bin ich sicher, ebenfalls durch die eigene Kugel.

Nur zwei von diesen Menschen überlebten in Freiheit: Professor Maas, der am letzten Tage vor dem Kriege noch nach England herauskam, und Elsa Kopetski, die mit dem letzten Schiffe schon mitten im Krieg bis zur brasilianischen Grenze kam.[12] – Und ich, der ich am 10. August wie durch ein Wunder mit Untergrundhilfe auf einem holländischen Flugzeug nach London entkam; am 11. erschien die Gestapo in der Kronprinzenstraße, mich zum Arbeitsbataillon der Nazis abzuholen.

---

[12] Dan berichtet aber, dass sie geraume Zeit vor Kriegsbeginn zusammen mit ihrer jüngeren Schwester Margot aus Deutschland entkommen sei. Weiteren familieninternen Informationen zufolge hatte Elsa mit 15 ihre Eltern verloren und mit 21 ihr Erbe angetreten. Als sie fliehen musste, überließ sie ihr Vermögen christlichen Freunden, die es ihr nach Brasilien nachsenden sollten; dieses geschah aber nicht. Später stellte sich heraus, dass die angeblichen Freunde das ihnen anvertraute Vermögen mit dem Segen des Nazistaates unterschlagen hatten. Margot heiratete einen Juden, mit dem sie sich in La Paz niederließ.

August 1939

Mein Bruder Hans in London hatte mir das Visum für die Einreise nach England besorgt. Die Möglichkeit der Auswanderung war gekommen. In Tilsit hatte ich die beiden Frauen besucht, Edit und Else.

Meine Frau brachte mich zur Bahn. Ich stand am Fenster des Wagons, als der Zug sich in Bewegung setzte. Wie anders war alles gekommen, als ich einmal gedacht hatte! Statt der sehr eleganten, sehr schmalen jungen Dame, damals, als ich um ihre Hand anhielt bei ihren Eltern, stand da am Bahnhof eine ärmlich gekleidete Arbeiterfrau, ganz verändert in Haltung und Äußerem, und winkte, bis der Zug nicht mehr zu sehen war und sie im Nebel verschwand. Ich sah sie nie wieder.

Am Montag war ich zur Gestapo gegangen, mich abzumelden. Alles war fertig. Der Pass, die Koffer… Was fehlte, war nur die Ausreisegenehmigung der Gestapo. Doch das konnte nur noch Formsache sein. Es war ja der immer wiederholte Druck der Gestapo, dass man aus Deutschland verschwinden sollte.

„Propp," sagte der Gestapomann, der meine Papiere bearbeitete, „Propp? Ja warten Sie mal." Dann sprach er mit seinem Nachbarmann. „Ihre Papiere sind gestern von einer Behörde angefordert worden. Kommen Sie nachmittags wieder." „Jawohl," sagte ich, „ich komme nachmittags." Ich war plötzlich zu Eis geworden. Ich verstand sofort, die Türe war zugefallen.

Ich ging zu den beiden jüdischen Rechtsberatern mit der Frage, was tun. Der eine sagte: „Sie kommen nur heraus mit der Ausreisegenehmigung. Ohne die werden Sie von Hamburg wieder zurückgesandt, oder werden schon dort beim Versuch verhaftet." Der andere sagte: „Es bleibt Ihnen nichts Anderes übrig, als es zu versuchen." Ich fuhr noch am selben Abend nach Berlin.

Vorher war ich noch auf der Ost-Dresdner Bank und gab dort Bankvollmacht meiner Mitarbeiterin Fräulein Mey. Die Bank hatte sich schauderhaft benommen. Die neuen Sachbearbeiter meines Kontos konnten kaum etwas dafür. Der neue Nazidirektor dafür umso mehr.

„Sprechen Sie nicht zu schlecht von Deutschland, wenn Sie draußen sind," sagten sie, beide schon in Offiziersuniform. „Ich werde nur deutsche Worte draußen sprechen," antwortete ich. „Viel Feind, viel Ehr," hat ein gewisser Bismarck offenbar für die Juden gesprochen. „Eins ist Not, ach Herr, dies eine lehre mich erkennen doch" – das heißt so in einem Kirchenlied. Ich habe nun erkannt, unter welchen Menschen ich gelebt habe. Und dann werde ich noch das Wort zitieren: „Ich wünsche nicht zwischen Menschen, sondern zwischen meinen Hunden begraben zu werden." Dieser Mann kannte offenbar seine Landsleute. Er hieß Friedrich der Große. Auf Wiedersehen, meine Herren.

In Berlin hatte ich eine Adresse, an die ich mich in Zeiten der Not wenden sollte. Ich hatte sie zweimal bekommen: einmal von meinem alten Hausarzt, der nach London gegangen war, sodann von einem Halbvetter, der in Mailand lebte und kürzlich durch Königsberg gereist war. „Hier ist Propp," sagte ich, als ich sie anläutete. Die Frau wusste sofort offenbar, wer ich bin. „Kommen Sie um 10 Uhr abends zu mir."

Sie erwartete mich schon auf der Straße (es war ziemlich dunkel), sie scharwenzelte um mich herum und ich glaubte, sie war ein Straßenmädel. „Verstehen Sie doch endlich?" sagte sie. Sie war eine Blondine um die 30. Sie war sehr herzlich. Ich gab ihr meinen Pass und sie besorgte mir ein Flugbillett. „Ich hole Sie so ab, vom Hotel, dass wir im letzten Augenblick ankommen, so dass nicht viel Zeit zum Kontrollieren ist."

Zwei SS-Männer kontrollierten ein Gepäck; sie stand dabei und zeigte den Inhalt der Koffer und schloss sie wieder. Dann gingen wir zum Flugzeug; sie sah nach der Uhr und sagte: „Jetzt!" Das Flugzeug musste gleich abgehen. Wieder waren zwei andere SS-Männer, die meinen Pass umblätterten, dann sprachen sie etwas nach der Uhr sehend (sie glaubten vielleicht, dass die Ausreisegenehmigung schon auf ihrem Büro liege); die Blonde sagte etwas zu ihnen, was ich nicht verstand; dann konnte ich ins Flugzeug, das gleich darauf losflog. Ich fragte meinen Nachbarn: „Wo hält das Flugzeug nächst?" „In Holland," war die Antwort. Dann sank ich in meinen Sessel.

Am Morgen hatte ich Fräulein Mey in Königsberg angerufen. „Was Neues?" fragte ich. „Nein," sagte sie, „nichts Neues. Es wurde nur nach Ihnen gefragt; ich sagte, dass Sie nach ein paar Tagen zurückkommen." Später erfuhr ich, dass zwei Gestapomänner mich ins Arbeitsbataillon bringen wollten.

Als ich in Amsterdam landete, war da ein großes Café auf dem Flugplatz. Ich suchte nach dem Schild „Juden nicht erwünscht". Dann straffte ich mich und ward wieder Mensch. Und schrieb eine Karte an die beiden einsamen Frauen in Tilsit. Abends sah ich London, ein Lichtermeer. Mein Neffe holte mich ab. Ich war wie vom Glück betrunken.

London

Sie sind alle wie betrunken vom Überschwang ihrer Gefühle, wieder frei, wieder Mensch zu sein, sagte mein Bruder in London, bei dem ich wohnte. Das ist nur natürlich. Nach so vielen Jahren der Bedrückung, der Gefahr in England zu sein ist eine herrliche Sache.

Ich ging zum Blomberry House mich anzumelden. Dort war die Organisation, die für die aus Deutschland geflüchteten Juden sorgte. Die Organisation war gut. Sie hatte einen Arbeitsnachweis, eine Registrierung, einen Wohnungsnachweis und gab jedem, der es brauchte, eine geldliche Unterstützung. Die ganze Aufmachung und die persönliche Behandlung der Geflüchteten machte den englischen Juden alle Ehre.

Einen Tag nach meiner Ankunft stand Dr. Silbermann vor der Wohnung meines Bruders. „Ich habe Quartier für Sie,“ sagte er. „Woher wissen Sie eigentlich, dass ich hier bin?“ fragte ich ihn. „Ich weiß,“ sagte er und ging mit mir zu Bekannten von ihm. Wie geht es meiner Frau, fragte mich ein Mann dort. „Ich habe sie eigentlich mit Ihnen erwartet. Der Krieg kann jeden Tag losbrechen.“ Mein Vetter stellt mir Dr. Silbermann vor: „Er ist der Mann jener Frau, die Ihnen das Flugbillett besorgte.“ Jetzt verstand ich.

Max rufe ich in Brighton an. Er ist dort auf einem jüdischen Internat.[13] „Vater," sagte er, „wann kommst Du endlich?" fragt er. „Ich bin schon in London," sage ich, „nicht mehr in Königsberg." Lange Pause. Dann sagt er stockend: „Ich komme sofort."

Auf der Straße werden Extrablätter verteilt. Die Leute greifen danach und stehen wie versteinert. Ich lese: „Ribbentrop-Molotov soeben ein Nichtangriffspakt unterzeichnet." Jeder versteht, das ist der Krieg. Ich fahre zu Downing Street 10. Kein Mensch ist da. Nur ein Tommy. Ein kleiner Mann kommt im Zylinder, eine Mappe unter dem Arm. Der russische Botschafter Maisky.

Noch am selben Abend beginnen sich die Züge, die aus London herausfahren, zu füllen. Ich fahre nach Brighton zu meinem Sohn. Er hat mir eine billige Pension besorgt, bei einem Busschaffner mit Frau und einem 4jährigen Jungen. Das ist nun meine Welt: ein schmaler Raum, lang genug für ein Bett, eine kleine Kommode und einen Tisch. Nicht mehr der Mann mit Sägewerk, Häusern und Villa und einem Geschäft. Mit ca. 500 Pfunde auf der Bank in London. That's all.

---

[13] Es besteht der Verdacht, dass Arthurs erste Frau in einem Augenblick geistiger Umnachtung versuchte, Max Schimmes anzutun. Vermutlich ist dies neben der Naziverfolgung ein weiterer Grund, warum ihn sein Vater nach England auf das Internat geschickt hatte.

Und trotzdem wie zufrieden: Zum ersten Male nach unglaublich langen Jahren wieder am Anfang – wieder wie 18 – ohne Verpflichtungen, ohne etwas Anderes tun zu können als frei zu atmen, Zeitungen zu lesen, schwimmen und spazierenzugehen, und von der Rückkehr in ein freies, anständiges Deutschland zu träumen, und mal wieder in den Besitz seines Eigentums und seines eigenen Hauses zu kommen. Und vom Untergang Hitlers und seiner Leute zu hoffen.

Glückliche Zeit, in der man wieder wie ein armer Junggeselle mit etwas Frühstück, einem mageren Mittag und fish and chips als Abendbrot leben und jeden entspannt wie einen guten Freund, von dem man sich nicht trennt, behandeln kann.

Der Krieg hat begonnen, aber Mussolini macht anscheinend nicht mit, also neue vertiefte Hoffnung auf ein baldiges Ende von Hitler.

Eine Dame erscheint bei mir: „Ich bin vom Komitee für Flüchtlinge. Wir haben ein Heim eröffnet: jede Woche zweimal Vorträge, danach Tanz. Wir wollen Ihnen etwas die verlorene Heimat ersetzen."

Vorladung vor den Richter. Prüfung, ob Fremdling oder englandfreundlich. Die Prüfung findet im Schloss statt. Wer nicht Englisch kann, soll jemand mitbringen. Der Richter, ein rosiger Mann, etwas dick, sehr freundlich, fragt. Das ermutigt mich. Ich sage, ich habe in Brasilien sehr nahestehende Mädchen. Kann ich die anfordern? „Wieviel Geld haben Sie?" fragt der Richter. „500 Pfund," antworte ich. „Das ist nicht gerade viel für drei Menschen, die in England leben wollen. Haben Sie vielleicht einen Bürgen?" „Nein," antworte ich. „Doch," sagte hinter mir mein Vermieter. „Ich bürge." „Wer sind Sie?" fragt der Richter. „Ich bin der Vermieter." „Und was verdienen Sie?" „Ich bin Busschaffner." „Das würde genügen," meint der Richter, „aber allein kann ich nicht darüber entscheiden," und bat die Vorsitzende vom Hilfskomitee hereinzukommen. „Was machen wir da?" fragt er sie. „Ja," meint sie, „das muss erst geprüft werden." „Ich danke Ihnen für Ihre gute Gesinnung," sagt der Richter zum Busschaffner, „und was Sie betrifft, so bedaure ich sehr, dass ich Ihnen leider nicht helfen kann." O England, dachte ich.

Draußen vor der Türe stand ein alter Jude aus Österreich. „Ich bin glücklich, hier zu sein. Es ist wie ein Wunder Gottes."

Macki kommt, wenn er kann, mich besuchen. Er trägt einen weißen Verband um Stirn und Kopf. Er hatte eine Operation, sagte mir aber nichts vorher. Wir gehen zu einem Fleischer. „O," sagte der zu Macki, „das ist aber fein, dass unsere indischen Truppen schon eingetroffen sind." Macki sieht etwas nach einem Tropenmenschen aus. „Ich bin nicht aus Indien" – und wollte nicht sagen, dass er aus Deutschland ist: „Wir kommen aus Frankreich." Ein paar Tage später, als ich dort mein Fleisch einkaufte, sagte der Fleischer zu mir: „Kommen Sie öfter: Hier ist ein Franzose, dem ich von Ihnen erzählte. Er freut sich, mit einem Landsmann in Ihrer Sprache sprechen zu können."

Ich suche einen englischen Lehrer. „Fragen Sie den Lebensmittelhändler nebenan," sagt meine Vermieterin. „Fragen Sie meine Frau," sagt der. „Hier ist ein professioneller Lehrer, der in Portugal die Kadetten in Englisch unterrichtet hat. Er ist pensioniert. Ich werde mit ihm sprechen." „Er verlangt zwei Schilling per Stunde," sagte sie einen Tag später. Zu teuer für mich.

„Ich habe mit meinem Mann gesprochen," sagt sie. „Ich werde Ihnen Englischstunden geben und Sie bringen mir Deutsch bei. So kostet das nichts für Sie und für mich." Jeden Abend saß ich bei ihr und wir radebrechten. Jeden Abend brachte sie eine große Schüssel mit Sandwiches und ein paar Tassen für Kaffee und wir aßen zusammen.

Ihr Mann war Kanadier – ein Baumfäller; er war einem der ersten Giftangriffe der Deutschen zum Opfer gefallen. Sie war Krankenschwester; sie pflegte ihn 4 Jahre und heiratete ihn dann. Sie war Mitte 30, er um die 60. Sie standen um 5 Uhr früh auf und gingen spät schlafen. Es war ein recht kleines Lebensmittelgeschäft; die Kunden waren meist arme Leute; es war ein Pfenniggeschäft.

Als ich nach London fuhr zur Reise nach Südamerika, sandte sie mir ein buntes Telegramm. Alle guten Wünsche. Als ich in Arica eintraf, fand ich einen Brief von ihr. „Bitte schreiben Sie dem Leiter von Mackis Internat, dass ich ihn jeden Sonnabend abholen kann, zum Theater. Wie haben ein Abonnement, aber mein Mann geht nicht."

Dies sind nur zwei Beispiele – ich könnte ein Dutzend mehr anführen – für die Menschlichkeit der Engländer. Wo immer ich hinkam, im Zug, oder auf der Post, beim Zollamt oder am Strande, im Restaurant oder auf der Straße, es war eine Kultur, wie ich sie nie vorher und nie nachher wiedergefunden habe. Ich glaube, der allgemeine Gedanke war: „Mache ihm Mut und gib ihm eine Chance."

Es ist merkwürdig, wie sehr die Juden die Wesensart der christlichen Umgebung annehmen. In Deutschland war der Ton vieler Juden auch so befehlshaberisch wie der der deutschen Christen. In England waren sie englisch.

Ich hatte einen seit langem eingewanderten jüdischen Arzt gebeten, mich zu untersuchen und mir ein Attest für die Auswanderung aus England zu geben, dass ich gesund sei. „Was bin ich Ihnen schuldig?" fragte ich. „Meine Frau und ich möchten Sie bitten, unser Gast zu sein und bei uns zu wohnen, bis Sie weiterwandern."

Ich hatte ein Telegramm nach Cochabamba gesandt (in Bolivien). Es war zur Zeit der magnetischen Bomben[14] gegen englische Schiffe. Ich bat Mr. Rosenberg, einen mir bekannten Lehrer, mich zu begleiten. Er klärte das auf. Vorher ging er in eine Telefonzelle. Ich hörte von außen sein Gespräch. Er sagte eine Unterrichtsstunde ab. „Sie sagten mir, Sie hätten nichts vor," fragte ich ihn. „O," sagte er, „Sie taten mir einen Gefallen, dass ich der alten Dame absagen konnte. Ich gebe ihr so ungern Stunden." Dabei war er ein armer Mann, er brauchte jeden Schilling.

Die hübscheste Geschichte ist: Eine reiche jüdische Frau hatte ein Haus, das sie voll möbliert zur Verfügung stellte. Sie hatte gebeten, Ärzte und Anwälte aus Deutschland zu bitten, in diesem Haus Vorträge zu halten, und bat um das Entgegenkommen, diese Vorträge mit Wohnung und Speisung in ihrem Hause bezahlen zu können.

Eine Dame aus Elbing war mit ihrem 10jährigen Sohne in London. Der Sohn wohnte bei einem englischen Arzt, der in Indien gedient hatte. Er wohnte da etwa 10 Monate. Sie hatten den Jungen gerne bekommen und ihm einen Hund geschenkt. Als der Junge mit seiner Mutter auswanderte (nach Chile), kamen der Arzt und seine Frau und der Hund

---

[14] D.h. Seeminen, die durch das Magnetfeld eines Schiffes zum Explodieren gebracht wurden. Am Anfang des Zweiten Weltkrieges wussten die Alliierten sie noch nicht wirksam zu räumen.

Goodbye sagen. Als der Junge besonders traurig sich von seinem Freund, dem Hund, verabschieden wollte, gingen nur der Arzt und seine Frau vom Schiff. Der Hund fuhr mit nach Chile. Der Arzt hatte insgeheim dem Hund die Gesundheitsatteste und das Billett gekauft.

Als ich die Genehmigung von der englischen Regierung bekam, nach Bolivien zu gehen, machte ich dem Präsidenten des Board of Trade den Vorschlag, die ins Ausland emigrierten deutsch-jüdischen Kaufleute als Agenten für englische Waren anzuregen. Ich sprach bei ihm vor. Er ließ mir sagen, dass er bis 10 Uhr Konferenzen hätte, aber am anderen Tage mir schreiben werde. Am anderen Tage bekam ich seine Empfehlung an die englische Gesandtschaft in La Paz.

Der Abschied von England wurde mir nicht leicht. Als ich den letzten Vermerk von der Behörde bekam, stand der baumlange Offizier auf, drückte mir die Hand und sagte: „Good luck, Mr. Propp." Ich ging in die Westminster Abtei und nahm Abschied von England.

In England war ich ein Emigrant. Zum ersten Male lernte ich, wie Emigranten aufgenommen werden. Ich hatte Verwandte in London-Brighton. Ein Mann, der meinem Vater unheimlich ähnlich sah, suchte ich in Brighton auf. Er war ein Vetter meines Vaters. Ich hatte nie von ihm gehört. Er war ein Zimmermann; an der einen Hand fehlten drei Finger. Er war englischer Soldat im Krieg gewesen. Er war wie mein Vater in Skaudvile geboren. Zum ersten Mal hörte ich Näheres über die Familie meines Vaters und über ihn selbst.

Seine Tochter hatte Hochzeit. Macki, mein Sohn, und mein Bruder wurden eingeladen. Es war eine Zwei-Stunden-Hochzeit, in einem Hotel, mit Ansager und Zeitmesser. Als die zwei Stunden um waren, wartete schon das nächste Paar. Meine Verwandten schleppten alles, was nicht gegessen oder ausgetrunken war, im Koffer in ein wartendes Auto. Das Ganze war offenbar ein Hochzeits-Fabrikbetrieb.

In Brighton lebten der Sohn und die Schwiegertochter meines väterlichen Vetters. Alles Propps. Er war ein kleiner Schneider und seine Frau flickte Hüte. Es ging ihnen nicht gut. Bei Nacht setzte er sich den Stahlhelm auf und war Luftbegleiter.

Er holte mich an Jomkippur ab und ging mit mir in die Synagoge von Brighton, eine Art orientalische Synagoge, gestiftet von der reichen Bagdader Familie Sasson. Es war mein erster Feiertag fern von der verlorenen Heimat. Propp der Schneider erwartete mich am Ausgang, küsste mich und sagte auf Jiddisch: „Es wird noch alles gut werden. Verzage nicht, es wird noch alles gut werden..." Ich war öfter bei ihm und seiner Frau. Sie hatten nicht viel, aber sie gaben mehr, als sie hatten.

Auch von meiner Mutterseite hatte ich Verwandte. Ihre Schwester war mit Luis Kletz in Manchester verheiratet. Als 1908 mein Vater starb, war die Tochter von Kletz, Bella, bei uns im Haus. Sie erhielt einen Brief von ihrem Vater: „Komm sofort zurück, ich erwarte Dich in Berlin, aber sag niemand davon."

Meine Mutter erhielt von ihrem Schwager auch einen Brief. „Ich bin jetzt Dein Bruder, und was ich habe, hast Du. Es ist nur ein Jammer, dass ich nicht bei Dir sein kann: Ich komme von England nicht weg." Ich konnte ihn verstehen: Er wusste, dass die Verhältnisse nach dem Tode meines Vaters sehr schlecht waren, und „das, was ich habe, hast Du" war wohl hübsch zu schreiben, aber weniger hübsch zu tun.

Ich hatte ihm geschrieben, dass ich in England bin – er hatte hinter meinem Bruder für mich gebürgt –, und mich bedankt und gefragt, wann ich die Schwester meiner Mutter sehen konnte. Ich hatte nie eine Antwort bekommen. Am Tage meiner Ausreise schrieb ich ihm wieder und wünschte ihm alles Gute. Darauf bekam ich ein paar Stunden vor meiner Ausreise aus Manchester einen Anruf. „Wie furchtbar bedauern wir, Dich nicht noch sehen zu können." „Ich habe Euch doch vor Monaten geschrieben und gefragt, wann ich Euch sehen kann." „Niemals haben wir einen solchen Brief gesehen." Ich dachte: Nun sind genau 30 Jahre nach dem Tod meines Vaters vergangen, aber Menschen ändern sich nicht.

Die Verwandten meiner Mutter waren meist „big shots", die meines Vaters sogenannte kleine Leute. Kletz – voll verengländert in Haltung, Sprache, Anzug und Verhalten – war, wie ich hörte, Vorsitzender vieler Vereine und, wenn es stimmt, der Bürgermeister von Manchester.

Ein Vetter meiner Mutter war Benjamin Sammel. Er hatte in Südafrika eine große Straußenfarm. Eduard der VII. hatte Anteile dieses Unternehmens. Bei der Empireausstellung hatte Benjamin Sammel die Südafrika-Exhibition zu eröffnen. Er hatte sich mit 50 vom Geschäft zurückgezogen. Er sammelte altchinesisches Porzellan. Er galt als Pfundmillionär. 1898 war er in Königsberg nach dem Bankrott meines Vaters und wollte mich mit sich nach Südafrika nehmen, um meinen Eltern das Leben etwas leichter zu machen.

Ich meldete mich bei ihm an. Als ich kam, war nur ein Angestellter da. Er sagte: „Ja, Herr Semmel hat Ihren Brief bekommen. Er ist gestern aus dem Land gefahren und weiß nicht, wann er wiederkommt." Das war deutlich.

Vielleicht war der Augenblick, an dem ich merkte, wie sich alles verändert hatte, bei meinem Bruder. Ich aß bei ihm und seiner Familie jeden Mittag, aber nicht am Abend. Als ich eines Abends etwas Dringendes wissen wollte, traf ich die Familie beim Essen an. Heinz, mein Neffe, den ich sehr gerne habe und der sich nichts dabei dachte, sagte: „Nun setz Dich schon, Onkel Arthur. Wir wissen ja, warum Du zufällig gerade beim Abendbrot etwas fragen kommst." Bin ich schon soweit – soweit herunter, fragte ich mich, dass ich als Schnorrer betrachtet werde? Mein Bruder und meine Schwägerin wurden rot vor Scham – und Heinz hatte sich wohl wirklich nichts dabei gedacht. Er wollte wirklich, dass ich esse, aber das Ganze war doch wie eine Blitzlichtaufnahme des Unter-bewusstseins.

Brigthon, Neujahrstag

Ich warte auf Macki. Wenn möglich, wollte er zu mir kommen. Es ist schon Abend; da klingelt es. Ich laufe zur Türe. Zwei Männer stehen vor mir. „Mr. Propp?" „I am." Sie zeigen einen Dienstausweis: Sie sind von der Geheimpolizei. Ich bekomme einen Lachkrampf und erkläre schließlich: „Meine Herren, 8 Jahre lang habe ich unter Hitler gezittert, dass es klingelt und die Gestapo kommt, und nu, hier in England kommen Sie."

Meine junge Wirtin kommt hinzu. Sie spricht besser Englisch als ich. „Es ist eine Anzeige von Nachbarn eingelaufen, dass Sie zuweilen bis spät in die Nacht mit der Schreibmaschine arbeiten." „Gewiss," sage ich," das stimmt, ich schreibe Briefe." Aber ich verstehe bald den richtigen Grund ihres Kommens. Ich hatte zum Neujahrstag ein Telegramm nach São Paulo gesandt: „Weiße Rosen". Anstelle richtiger lebender weißer Rosen hatte ich eben ,weiße Rosen' gekabelt. An meine zukünftige Frau.

Die Herren waren rasch beruhigt und nun saßen wir auf der Treppe. Bald kam auch noch die Mutter meiner Wirtin hinzu, und wir sprachen üben den Krieg. „Ist es möglich," fragte ich, „Arbeit zu bekommen?" „Das ist ausgeschlossen," sagte der eine Beamte, „in Ihrem Alter, und wir haben schon Arbeitslose genug." Sie blieben fast eine Stunde im gemütlichen Gespräch, und wieder dachte ich: „O good old country.“

Als der Zug auf der Liverpool Station sich in Bewegung setzte und mein Sohn mir traurig nachschaute, wie der Zug mich nun nach Südamerika entführte, und keiner von uns wusste, ob und wann wir uns wiedersehen würden, sprach ich lange nichts. Dann fragte mich mein Gegenüber, ein Mann um die 60: „Ihr Sohn?“ „Ja.“ „Allein?“ „Ja.“ „Wohin?“ „Nach Südamerika.“ „Was sind Sie von Beruf?“ „Holzmann.“ „Ich auch, und ich habe ein paar Bahnstationen weiter eine Möbelfabrik. Hier ist meine Karte. Geben Sie sie Ihrem Sohn. Wenn er jemand braucht, ich bin immer für ihn da.“ Wieder dachte ich: „O good old country.“

Liverpool

Als wir am Morgen von der Liverpool Station in London abfuhren, wusste ich weder wohin noch wann mein Schiff geht und nicht, wie es heißt. Es war in der Zeit des Krieges, der U-Boote und der Magnetbomben. So war alles streng geheim.

Als wir bei der ersten Dämmerung in Liverpool ankamen, staunte ich über die Hässlichkeit der Stadt. Schmutziger Schnee, verrauchte Luft und hässliche Häuser. Ich dachte, da muss ein Maurer zusammen mit einem Schornsteinfeger die Stadt gebaut haben. Es war Februar.

Wir wurden in ein Hotel nahe am Bahnhof gebracht und es wurde uns gesagt, dass wir am anderen Tage die Nachricht bekommen würden, wo unser Schiff liegt und wann wir am Schiff zu sein haben.

Ich ging in die Stadt und sah ein Polizeibüro. „Wer sind Sie?" wurde ich sofort misstrauisch gefragt. Ich zeigte meine Papiere und bat, ob man mir nicht einen Vetter nachweisen konnte, der an der Technischen Hochschule arbeitete. Kaum war ich im Hotel zurück, wurde ich von der Hochschule angerufen, dass der Assistant Walter Laaser nicht mehr wie früher in der Hochschule wohnt, sondern privat, aber man werde ihn zu finden suchen. Eine Stunde später klopft es an meiner Türe und Walter Laaser tritt ein. „DU,

Arthur," sagte er, „Du, o welche Überraschung." Ich war 7 Jahre der Testamentsvollstrecker für seine Mutter, ihn und seine Schwester gewesen, und so war die Freude groß.

Wir tranken die Flasche Whisky aus, die mir mein Bruder auf die Reise mitgegeben hatte, und verabredeten uns nach langem Gespräch am anderen Morgen um 11. Doch musste ich plötzlich schon um 10 am Schiff sein.

Walter war ein deutschnationaler Jude. Er hatte seinen Referendar und seinen Doktor gemacht, musste aber dann unter Hitler aufhören. Seltsamerweise ging er dann ausgerechnet zur Armee, um Offizier zu werden, bis man entdeckte, dass er Jude ist, und er auch da fortmusste. Nun war er im technischen Institut der Hochschule in Liverpool tätig und meinte, dass er dort unentbehrlich sei. Er liegt bei Cassino begraben. Er fiel als englischer Freiwilliger.

Als das schwarz gestrichene Schiff, die Orbita, mit ca. 15'000 Tonnen langsam abstieß, dachte ich: „Das ist also der Abschied von Europa," und dachte, wie mir die Laasers zum Schicksal geworden waren und wie logisch es war, dass der letzte, den ich noch in Europa sah, auch ein Laaser war.

Die Überfahrt

Ich fuhr dritter Klasse. Die Reise nach Arica dauerte 35 Tage. Der Preis der Überfahrt war nur 35 Dollar. Die Verpflegung: Kartoffeln mit oder ohne Schale, Rüben, Heringe und Stockfische.

Das Schiff war leer. Es fasste gut über 800 Passagiere, hatte aber nur 130. Das lag an den Magnetbomben: In den Tagen vor der Abfahrt waren einige 20 englische Schiffe auf Magnetbomben gestoßen und gesunken. Der Konvoi war recht ansehnlich. Er bestand aus etwa 50 Schiffen, umgeben, angeführt und hinten gesichert von Kriegsschiffen. Nach drei Tagen fuhren wir ohne Schutz. Auf dem Oberdeck war eine Kanone installiert, mit einem Kanonier bei Tag und bei Nacht. Es war eine Fahrt im Dunkeln: Nachts war keinerlei Licht, auch nicht Rauchen, an Deck erlaubt.

Ich zeigte das Schreiben des Präsidenten des Board of Trade vor und bekam für mich auf Anordnung des Kapitäns eine vierbettige Kabine. Ich hatte auch die Vertretung und die Muster für Tischdecken und Malarianetze usw. in sehr schönen Mustern und von den Leins Brothers aus Nottingham, einer großen Fabrik, die dem Mann meiner Schwippschwägerin gehörte. Die Offiziere des Schiffes sahen sich meine Muster an und gaben mir die erste Order – die leider auch die letzte war.

Obwohl es Februar war und die Nordsee keine sehr freundliche See ist, wurde ich nicht seekrank.

Obwohl die weite Reise nicht gerade beruhigend für schwache Nerven war, war sie nicht langweilig. In der dritten Klasse hatten sich sehr verschiedene Menschenarten zusammengefunden: Ungarn, Spanier, Neger, Engländer, Juden, und zwar Juden aus Wien, Belgien und Frankreich. Wir saßen an drei langen Tischen, die einzelnen Nationalitäten meist zusammen. Am Abend wurde oft getanzt oder Musik gemacht. Am besten sahen die Spanier aus, die nach den südamerikanischen Ländern gingen, und die weißgekleideten Stewards. An der Kantine wurde viel gekauft. Die meisten der Auswanderer waren glücklich, aus Europa heraus zu sein, und zerbrachen sich nicht viel den Kopf über die Zukunft. Es waren meist junge Menschen. Aber wenn ich sah, was ein kleiner Apfel kostete oder eine Zigarre, musste ich an das Wort von Freiligrath denken: „Ich kann den Blick nicht von Euch wenden, ich muss Euch ansehen immerdar, wie bringt Ihr doch mit vollen Händen dem Schiffer Eure Habe dar."

Die Stewards, so musikalisch und unternehmerisch sie auch waren, waren recht hochmütig und hochnäsig. Sie kamen sich als Engländer vor und die Menschen in der dritten Klasse waren für sie eine Art Menagerie.

Von der guten menschlichen Atmosphäre des alten Landes war wenig zu merken auf dem Schiff. Die von der dritten Klasse durften nie auf das Deck für die zweite Klasse, die von der zweiten nicht auf das der ersten. Den Kapitän sah ich in den 35 Tagen nur einmal.

Ein Matrose war gestorben. Man ließ ihn auf einem Brett abrutschen. Er war in einen Sack gebunden und mit einem Stein beschwert. Der Kapitän ließ das Schiff für einen Augenblick anhalten. Dann las er aus der Bibel. Dann Achtung, und ES WAR EINMAL.

In unserem Saal 3 saß ein Mann mit einem Gelehrtengesicht, der las und las. Er hatte eine sehr aristokratisch aussehende Frau, noch recht jung, und eine lustige, immer singende, bildhübsche Tochter, die mit den Matrosen anbandelte.

An einem der Tanzabende forderte einer der Neger sie zum Tanz auf. Sie dankte. Ich sah die Mutter aufstehen und zum Klavier gehen; der Steward rief Damenwahl. Sie ging zu dem Neger und bat um seinen Tanz. Sie waren Republikaner; er der Generalarzt der Roten Armee.

Havanna. Ein paar Stunden Aufenthalt. Mein Bruder steht am Eingang zum Dock und winkt. Ich will zu ihm. Ich kann nicht. Nur die von der zweiten können. Nicht von der dritten. „Mein Bruder," sage ich zum Offizier, „hier ist mein Bankbuch und mein Gepäckschein meiner Sachen auf dem

Schiff. Ich will meinen Bruder sehen. Sie haben ja alle Sicherheit, ich laufe nicht weg." Er antwortet nicht mal. „Pfui," sage ich und spucke ihm auf die Schuhe. Es scheint, er denkt, ich bin ein Hund und habe gebellt.

Ich sah meinen Bruder nie wieder.

Panamakanal. Die Neger sind nun bald zu Hause. Es sind drei. Sie waren auf einem griechischen Schiff, wurden torpediert und nackt gerettet. Waren ohne alles und ohne Ausweis. Saßen monatelang in London, bis sie zurückkonnten. Haben jeder nur einen Anzug. Sitzen nackt in ihrer Kabine und ziehen den Anzug nur an, wenn sie zum Saal kommen. „Wie glücklich ich bin," sagt einer von ihnen und zeigt auf seinen amerikanischen Pass. „Ich gehe zu meiner Mutter. Wie schön es ist, zu Hause zu sein. Aber Sie als Jude haben kein Zuhause, es muss bitter sein, ein Jude zu sein."

Kolon. Ein Nacht Aufenthalt. Die hübsche blonde Ungarin von der Kabine mir gegenüber verschwindet mit dem spanischen Ingenieur. Sie kommen erst am Morgen wieder. Er steigt in Kolumbien aus. Sie umarmt und küsst wie wild ihren Verlobten in La Paz.

Pazifik

Nach fast 25 Tagen Dunkel ein Traum von Licht. Hamilton.[15] Die erste Stadt wieder erleuchtet seit dem Blackout von London. Wir stehen alle an Deck und denken, was es alles gibt.

Die Nächte im Pazifik (obwohl erst Ende Februar/Anfang März) sind warm, die Sterne wie ein Lichtermeer am Himmel. Ich liege in einer Plane über Nacht auf Deck und denke, wie schön doch eigentlich das Leben ist. Aber wie wird die Zukunft sein??? Jede Nacht liege ich auf Deck, und viele mit mir.

Arica – die Stadt unseres Zieles. Wir stehen und schauen auf die sandigen Ufer – wie wird es sein.

Ein Boot kommt heran. Der Mann begrüßt uns. Er ist vom Hilfsverein. „Nein," sagt er, „keiner von Ihnen hat die Fracht für das Gepäck zu bezahlen; das tue ich." Und dann lässt er uns in Booten zum Ufer rudern. Palmen und Glockenbäume-Gärten und bunte Blumen; Häuser mit Veranden und offenen Dächern. Es sieht verlockend aus. Der Mann vom Hilfsverein führt uns ins Hotel: große luftige

---

[15] Hauptort der Bermudainseln (vgl. S. 18). Der Verfasser muss von seinem Gedächtnis getäuscht worden sein, denn die Bermudainseln liegen noch im Atlantik, nicht im Pazifik; außerdem würde ein Schiff aus Großbritannien früher in Hamilton als in Havana Halt machen.

Zimmer; ins Restaurant: weiße gedeckte Tische, Blumen und Getränke; nichts mehr von dritter Klasse!

„Sie haben nichts zu bezahlen," sagte der Mann vom Hilfsverein. „Morgen geht Ihr Zug für jeden Schlafwagen bis nach La Paz. Das erledigt der Hilfsverein. Und dann meine Herren – und Damen – für jeden einen Check über 3000 Bolivianos. Wenn Sie mal können, werden Sie es dem Hilfsverein zurückzahlen."

Wie gehen durch den kleinen Ort. ARICA. Es klingt schon so hübsch. An der Post ist ein Schrank mit Fächern und nebenbei eine Tafel mit Briefen, die eingetroffen sind und abgeholt werden sollen. Da traue ich meinen Augen nicht: drei Briefe für Arthur Propp! Und alles ist vergessen: Krieg und Magnetbomben, Nazis und Austreibung. Es ist der Beginn der Wiedermenschwerdung.

Am Abend sitze ich in dem feudalen Pacific Hotel und trinke mit dem Mann vom Hilfsverein. Er hat mich zu sich gebeten. Wir sind beide allein. „Sie kennen Fräulein Pinkus vom Blomsburry House?" fragt er. „Ja," sage ich. „Wie ist sie und wie sieht sie aus, jung und gut?" „Warum?" frage ich. „Sie ist meine Frau." „Ihre Frau?" „Ja. Sehen Sie, ich habe meine eigene Frau verloren und habe ein Kind. Ich habe viel zu tun mit dem Blomsburry House in London und Fräulein Pinkus bearbeitet dort Arica. So haben wir uns

133

brieflich etwas kennengelernt. Und fern geheiratet. Sie schrieb mir, dass Sie einer der Passagiere der Orbita sind."

Am anderen Tage fuhren wir von Arica nach La Paz.

Auf der Fahrt nach La Paz

Nach 48 Jahren Europa erscheint Südamerika erst wie ein Wunderland. Es ist etwas Anderes, auf Reisen zu gehen und die Welt zu sehen, als ausgetrieben zu werden und mit fast 50 sein Brot in einem neuen, fernen Land zu suchen. Es ist einfach, in einer Wiege zu liegen und dann den ausgefahrenen Weg der Kinderjahre, der Schuljahre, der Mannesjahre zu gehen und allmählich zum Friedhof zu wandern. Ich kannte so manche, die sogar ihren Sarg und ihre Totengewandung vorbereitet hatten.

Es ist nicht ganz so einfach, in ein Land zu kommen, das man nicht kennt, dessen Sprache man nicht gelernt hat, dessen Menschen man nie gesehen hat und in dem man keinen Bruder, keine Schwester und keine Schulkameraden oder sonst jemand hat.

Und nun, nach 35 Tagen Schiffsreise, ist man da – endlich –, hat das gute Gefühl, Boden unter den Füßen zu haben, und fährt nun seiner Bestimmung entgegen. Es ist alles in einem aufgewühlt, man platzt vor Spannung, und so steht man nun am Fenster des Waggons und sieht sich die Landschaft an. Man weiß, der Zug steigt in 14 Stunden vom Meer zu den Bergen bis 5000 Metern. Man hat ein wenig Angst davor, aber die vergisst man bald, wenn die Fahrt langsam aufwärts geht.

Zuerst in Chile ist noch manches grüne Feld; dann kommt Sand und Sand wie in einer Wüste; dann Steingeröll, braungelbe Hügel, dazwischen mageres Gras; ab und zu eine Hütte; dann die Stationen der Bahn – dort sehe ich die ersten Indios, mit einem bunten Tuch, das als Hemd und Anzug zugleich dient; schwarze, struppige, anscheinend nie gekämmte Haare; Männer und Frauen mit nackten schwarzen Füßen und schmutzigen Händen; Indiokinder mit laufenden Nasen. Auf den Bahnsteigen stehen sie und bieten weißen Käse, Nüsse, dunkles Brot und Früchte des Landes an.

Dörfer tauchen auf, ohne Baum und Strauch, eine Reihe von Lehmhütten mit Strohdächern, erschreckend armselig.

So geht das Stunden und Stunden. Eine Fahrt durch einen Albtraum. Ich denke: Wo bin ich nur hingeraten? Da hatten es die Kinder Israels bei ihrer Auswanderung aus Ägypten besser: Die kamen doch wenigstens in ein Land, in dem Milch und Honig floss. Wie soll ich hier ein Leben machen? Die Indios haben doch selbst nichts.

Mir fällt ein, was mir ein Hilfsvereinmitarbeiter in London sagte. „Nach Bolivien, in Ihrem Alter von bald 50 Jahren? Nein, das können wir Ihnen nicht vermitteln. Das können wir nicht verantworten. Das müssen Sie auf eigene Verantwortung tun." Ich erinnere mich, was jemand aus Brasilien auf die Frage antwortete, ob man nach Bolivien gehen sollte. Das Antworttelegramm lautete: „Bolivien ist Selbstmord."

Die Offiziere der Orbita sagten mir: „Was wollen Sie in La Paz? Das ist doch nichts für Sie."

Es wurde nachts. Wir konnten nicht schlafen. Alle diese dunklen Gestalten gehen einem durch den Kopf; nun beginnt auch das Atmen schwerer zu werden; auf der nächsten Station wird man schwindlig. Doch ist in jedem Zug ein Arzt; der hilft.

Es wurde wieder Tag, aber das Bild änderte sich nicht, die steingraue Landschaft wechselte nicht, die Berge wurden höher, aber das Geröll war weiter ohne Baum und ohne Schnee.

Es wurde wieder Dämmerung. Nun keuchte der Zug in einer Höhe von etwa 5000 Metern (er fuhr in Windungen), und plötzlich sah man La Paz auftauchen, wieder verschwinden und bei jeder Windung deutlicher herankommen. Zuerst glaubte man, das könne nach all dem Steingeröll und all der monotonen Gleichförmigkeit der langen Reise kaum möglich sein. Da die große Stadt, hoch in den Bergen. Da flammten auch schon lange Reihen von elektrischen Bogenlampen auf.

Bald darauf ging man staunend durch richtige Straßen, sah die vielen eleganten Autos, europäisch gekleidete Menschen, große Geschäfte, hübsche Auslagen, Zeitungen und gut gekleidete Frauen; Blumengärten, Straßen mit Parkanlagen,

Restaurants, Regierungsgebäude und eine Stadt voll mit hastig beschäftigten Menschen.

Ich war wie betrunken von der eisgekühlten Bergluft, dem leuchtenden Weiß des 7000 Meter hohen Illimani-Gebirgszuges, der in den Himmel ragte.

In einer kleinen Pension (sie kostet mit vorzüglichem Essen gerade ½ Dollar pro Tag) fand ich am Abendtisch einen Kreis von etwa zehn Juden aus Deutschland – kultivierte Menschen, sogar zum Teil in Abendkleidung –, Menschen aus Eisennach und Frankfurt am Main, und ich hatte bald die Fahrt durch das graue Geröll vergessen.

La Paz

Die Umgebung von La Paz wird aus Anhöhen gebildet, die wie gesprengte Sandfelsen aussehen. Man denke an Mondkrater. Die Stadt liegt wie in einem breiten Bett dieser Anhöhen.

In der Mitte der Stadt zieht sich wie ein grüner Streifen der Prado[16] hin, mit Rasen und Bänken und Blumen. Zu beiden Seiten des Prados stehen kleine, aber etwas altmodische Häuser. Um 1940 waren da nun ein paar große Gebäude: ein Hotel und die Kasinos verschiedener Völker. Die anderen Straßen gehen bergauf und bergab; nur der Mercado[17] und der Murilloplatz sind eben.

Im Ganzen ist La Paz ein Wirrwarr von Straßen und Gässchen, winklig, steil, durchzogen von bunten Marktplätzen, Arenas, modernen Bauten und kleinen lehmartigen Hütten, als Häuser aufgeputzt. Zwischen all dem Durcheinander hört und sieht man eine erstaunliche Anzahl von amerikanischen neuen Autos, die mit ewigem Tuten ihren Weg suchen, und viele überfüllte offene Güterwagen, die dem Verkehr dienen und die ziemlich verstaubt und altertümlich wirken. Auf den Straßen ein Gewimmel von europäisch ge-

---

16 „Wiese".

17 „Markt".

kleideten Menschen, untermengt mit den bunten poncho tragenden Indios und ihren einen schwarzen runden Hut tragenden Frauen. Zwischen den Autos auf der Straße auch Maulesel, Pferde und Lamas mit ihren Mais- oder Achi- oder Mehlsäcken auf dem Rücken.

Es geht ziemlich ungeniert zu: Die Frauen oder die Mädchen setzen sich am hellen Tage auf die Straße, heben ihre Röcke und verrichten ihr Bedürfnis.

Um den Murilloplatz herum stehen die historischen Gebäude (die Kathedrale, das Parlament) und der Palacio Quemado, der Sitz des Präsidenten. Auf den Bänken des Platzes und rings um den Platz selbst sieht und hört man die jüdischen Emigranten.

Nicht weit davon, in einer bergigen Straße, ist der Hilfsverein. Dort herrscht großer Betrieb. Es ist alles gut organisiert; eine Anzahl helfender und beratender Menschen sind dort tätig. Ein Tischler macht Betten für die Emigranten, andere geben die Gutscheine aus, aufgrund deren man in verschiedenen Restaurants essen kann, andere bilden die Arbeitsnachweis-, die Empfangs- und Ausgabenstelle der Post. Es gibt auch zwei große Heime für die ankommenden Emigranten, wo sie wohnen und essen können, bis sie im Laufe der Zeit Arbeit finden und sich selbst erhalten.

Auch Darlehen gibt es in einer Höhe, dass sich Kaufleute einen Laden einrichten können, Handwerker eine handwerkliche Einrichtung, alles ohne Zinsen in der Hoffnung, dass die Darlehen einmal in besseren Tagen zurückgezahlt werden können.

In La Paz sorgt die Zentralstelle auch für die Emigranten, die nach anderen Orten und Städten Boliviens gehen. In jedem dieser Orte ist eine Nebenstelle des Hilfsvereins, die in gleicher Weise wie in La Paz selbst Sorge für die Emigranten trägt.

Bolivien war das letzte Land, das nach Beginn des Weltkrieges für Juden zur Einwanderung offenstand. Ein Deutscher namens Busch, dem man eine sehr diktatorische Neigung nachsagte, war Präsident des Landes. Er gab den Konsuln seines Landes in Europa das Recht, aufgrund sogenannter Sammelvisen Juden das Einreisevisum zu geben. Z.B. Berlin Nr. 1. – 2000. – usw.

Es wurden fast nur Visen für Farmer gegeben. Natürlich waren alle Juden, die vor sich den Tod unter Hitler sahen, plötzlich Farmer. Manche versuchten auch wirklich im Lande als Farmer tätig zu sein. Ich persönlich kannte etwa 12 Familien, die ihr Glück in der Landwirtschaft versuchten und hart arbeiteten.

Aber auch für sie galt das Wort des großen Präsidenten von Bolivien, der einmal sagte: „Es gibt zwei Arten von Bauernhöfen in Bolivien: diejenigen im Hochgebirge, wo es zu kalt ist, um etwas wachsen lassen zu können; da stirbt man vor

Hunger; und die anderen, wo etwas wächst, also in den Subtropen und Tropen; da stirbt man an Malaria."

Die drei Monate, die ich in La Paz lebte, waren recht lehrreich. Die Stadt war voll von Emigranten – so voll, dass bei jedem neu ankommenden Zug der Minister für Einwanderung mit seinen Beamten auf dem Bahnhof war, um dafür zu sorgen, dass die neuen Emigranten möglichst sofort mit den Autos des Hilfsvereins in die jüdischen Heime abgeschoben werden, um nicht sichtbar zu werden. Und von dort in andere Teile Boliviens. In Russland, sagte mir ein Ingenieur, wurde man nur als Strafe und im Strafverfahren nach Sibirien abgeschoben; in Bolivien einfach auf Befehl des Ministers.

Zu der Zeit, da ich nach La Paz kam, war alles billig zu haben. Hotel mit Verpflegung kostete etwa ½ Dollar. Eine Zeitung (und eine recht gute dazu) kostete 30 Centavos (1/180 Dollar); eine Flasche Bier (und ebenfalls eine recht gute) 3 Cent. Und auch die Wohnungen waren reichlich und billig zu haben. Ich hatte im Ganzen etwa 1600 Dollar und galt als reicher Mann.

Mit der großen Einwanderung änderte sich manches. Die Wohnungen und Läden wurden knapper und kosteten mehr. Butter, weißes Brot, Fleisch und die guten Dinge für den Magen waren bisher nur von einem kleinen Kreis gefragt; jetzt, mit vielen Tausenden weißer Europäer, stieg die Nachfrage und verteuerte auch die Lebensmittel.

Es ist wohl selten in der Menschheitsgeschichte, hineinsehen zu können, wie stark in Wahrheit die menschlichen Bindungen an Moral und Herkunft sind. Hier in La Paz konnte man das leicht beobachten. Da wurden – allen Regeln und Gesetzen ins Gesicht schlagend – Tausende bürgerliche Menschen um ihr Land, ihren Besitz und ihren Beruf in Europa gebracht und kamen nun in ein ihnen in jeder Beziehung fremdes Land, ohne Mittel und ohne Sprache, anscheinend ohne Möglichkeiten zu leben. Wie verhielten sie sich?

Das Entscheidende war, dass die Männer, die in Europa für Frau und Kinder gesorgt hatten, auf einmal die Hilflosesten waren. Die Frauen hatten im Gegenteil die Möglichkeit, zumindest in Küchen oder in Haushalten oder in Geschäften oder in der Schneiderei zu Hause tätig zu sein. Sie kochten in Restaurants, sie nahten Hemden, sie machten Marmelade, sie kochten Bonbons, sie machten Delikatessen, und sie verloren den Respekt und die innerliche Bindung zu ihren Männern, die nur sehr langsam begannen, aus dem Nest zu kriechen, Worte in Spanisch zu stammeln, Mittel zusammenzuschnorren, um Vertretungen an alle möglichen Leute heranzutreten und nach Adressen von längst vergessenen Verwandten in Amerika zu fahnden.

Ich hatte den Eindruck, dass in dieser ersten Zeit die Männer (das heißt nur die angeheirateten) den Frauen mehr als Verpflichtung denn als Gewinn galten. Es war auch so, dass in der Misere des Daseins, da niemand wusste, was wird und was aus den Kindern wird, jeder, der etwas besser gestellt war und unverzagter war, als eine Art Erholung und Wiederkraftgewinnen angesehen wurde.

Viele Ehen gingen in dieser Zeit in die Brüche, und ich musste oft an das Wort des Vaters in Europa denken: „Und wie wollen Sie meine Tochter versorgen, was sind Sie und was haben Sie?"

Vielleicht wäre alles besser gegangen, wenn die sonst so klugen und großzügigen Männer und Frauen des Hilfsvereins auch an eine geistige und seelische Wiederaufrichtung gedacht hätten. Doch sie hatten wohl genug mit der wirtschaftlichen Seite zu tun. Man spricht jetzt oft von dem deutschen Wirtschaftswunder. Kürzlich aber hörte ich von dem Wort eines Königsberger Richters: „Die Wirtschaft ist wiederaufgebaut, aber das Geistige wird abgebaut." So ähnlich war es auch in La Paz.

Ich wurde vom Immigrationsminister angefordert. „Sie sind Holzmann," sagte er. „Wir haben ein Sägewerk in Chapare; das können Sie leiten. Gehen Sie zu Herrn Picard; er hat die Abteilung der staatlichen Bergwerke, sprechen Sie mit ihm."
Ich fand ihn im Hotel Turi, einem jener Hotels, die Zim-

mer ohne Fenster haben, und mit immer offenen Türen zum Gang. Ich sah einen typischen Genfer Gelehrtenkopf und fragte unwillkürlich auf Deutsch: „WIE kommen Sie her?" Er sah mich etwas lange an und fragte: „UND SIE?"

„Nein," sagte er. „Nach Chapare, das ist nichts für Sie. Das Einzige, was wir Ihnen garantieren können, ist Malaria. Außerdem liegen die Maschinen in Arica." So ging ich nach Sucre.

Sucre

Ich lebte volle drei Monate in La Paz. In diesem so weit von Ostpreußen entfernten Winkel der Welt war ich viel mit Menschen aus Bartenstein, Rastenburg, Pr. Holland und auch aus Königsberg zusammen.

Der Manager des Hotels, in dem ich lebte, war ein Breslauer mit einem Doktortitel, der später in eine Hotelfachschule in der Schweiz umgesattelt war, eine Zeitlang Ober im Hotel Kreuz war und nun das Hotel Hamburgo Annex leitete.

Hier fand sich ein Kreis von Junggesellen in dem Bierrestaurant zusammen: ein Official Major vom Gesundheitsministerium (ein Schweizer, der seinen langen Heimaturlaub nicht ausnutzte, weil ihm das Leben in Europa zu eng geworden war); drei famose Jünglinge aus Prag – mit herrlichen Mustern von Seiden und Stoffen –; ein schmalbrüstiger Ingenieur, der ins tiefgelegene Jungas als Landwirt zog und der im selben Haus wie Lenin in Zürich gelebt und dort studiert hatte; ein junger Arzt aus Wien, der bei Freud in London gearbeitet hatte; ein Dr. Friedmann aus Wien, der lange in Paris gelebt hatte und mit seiner Zipfelmütze und seinem Wollschal um den Hals täglich bei mir war (er war ein Freund des Königs von Siam und der lud ihn auch ein, zu ihm zu kommen; er war ein Patentanwalt für die I.G. Farben gewesen); ein Wiener Schauspieler, der auch in

Königsberg gespielt hatte und vom Ministerium in La Paz die Lizenz für kulturelle Unternehmungen bekam; er schrieb an Mussolini, dass er die Scala von Mailand nach La Paz zu Festaufführungen unter freiem Himmel senden sollte – und ich las die Antwort von Mussolini –, und er schrieb an Reinhardt, dass er an der Kathedrale von La Paz „Jedermann" aufführen wollte, er als Regisseur, und „Cäsar" von Shakespeare in der Arena von La Paz – und ich las die Antwort von Max Reinhardt…

Kurz, es war eine interessante Zeit; aber La Paz war zu hoch für mich. Man keuchte immer bergauf in den Straßen, hatte Nasenbluten und Kopfschmerzen, konnte schwer schlafen, und der ausgezeichnete weiße Schnaps, Pisko genannt – schärfer als Wodka –, machte das Herz noch rascher schlagen als die dünne kühle Höhenluft.

Ich hatte von Sucre gehört. Dort lebten die alten spanischen Familien. Es sollte eine Art Residenz sein. Auch hatten sich dort Männer aus Königsberg zusammengefunden, die dem Leben in Sucre einen geistigen und besonders auch musikalischen Anstrich gaben. Professor Lublin war dort mit Frau, Professor Klienberger von der Königsberger Universität und manche anderen, die zusammen einen netten Kreis angeblich bilden sollten. Zudem war Sucre viel niedriger als La Paz mit seinen 5000 Metern. Es war nur knapp 3000 Meter hoch. Und als ich nach Chapare beordert wurde, verschwand ich nach Sucre.

Nachträglich scheint mir, dass der tiefere Grund, nach Sucre zu gehen, in meiner Neigung für alte Städte gewesen ist. Ich hatte, als ich in Deutschland lebte, oft daran gedacht, in eine alte Stadt zu ziehen. Ich dachte an das mir besonders nahe Pillau oder an Brügge oder Gent oder Rothenburg oder an die alten Teile von Würzburg oder Danzig. In Teilen von Stettin oder Leipzig oder Berlin wurde mir einfach unwohl. Mein Instinkt war richtig. Ich lebte 10 Jahre in Sucre. Ich betrachte jene Zeit als die beste meines Lebens.

Die Stadt wurde um 1500 begründet – ich glaube, als Ort für Erholung. Die Umgegend war malariafrei, und das war selten. Sucre ist eine Stadt ohne Flüsse, ohne Chausseen, ohne Kohle, ohne Landwirtschaft; es ist eine Art Weimar. Dort gab es die erste Universität in Südamerika, den einzigen Gerichtshof mit Ausnahme von dem in Lima; dort gründeten die Jesuiten, Salesianer und Franziskaner Kirchen und Schulen. In Sucre siedelten sich die reichen Farmbesitzer, die hohen Offiziere, die Maler und Gelehrten von Spanien an. Sucre ist eine spanische Stadt, mit weiten, geraden, ebenen Straßen, hübschen Hausfassaden, weiten Gärten, Blumen und Springbrunnen.

Als Bolivien um 1825 von Spanien unabhängig wurde, wurde es der Sitz der Regierung, und natürlich wohnten die Diplomaten vieler Staaten an dem Sitz der bolivianischen Regierung.

Rings um Sucre gab es kleine oder große Farmen, Wälder und Flüsse. Oft stand ich auf einer Anhöhe und sah in der Mittagszeit bei heißer Sonne auf das schlafende Sucre herab. Es war wie ein Traum aus dem Mittelalter. Da gibt es nur den alten Stil der kleinen Häuser mit dem weißen Zement, das die roten Dachpfannen zusammenhält. Kaum ein Mensch auf der Straße.

Die Stadt schläft wie in einer Wiege inmitten der Berge und zwei hohe Gipfel stehen wie Wächter, und auf einem der Berge steht eine riesige Christusgestalt und segnet die Stadt. In der Nacht, wenn der Vollmond scheint, vergisst man das Jahrhundert, in dem man lebt; es ist wieder um 1500 oder 1600.

Icholoma

Ich kam im Juni nach Sucre und ging im August nach Icholoma. Mir war dort ein Wald in den Bergen angeboten worden, mit einem Motorsägebetrieb. Ich fuhr um 5 Uhr früh mit einem alten ausgedienten Güterwagen mal erst zur Besichtigung. Zum ersten Male fuhr ich durch das Land von 2700 Meter Höhe, lange Strecken in einer Höhe von über 2900 Metern. Ich war erschreckt über die Trostlosigkeit der Landschaft. Wir fuhren durch baum- und schmucklose kleine Städte und Dörfer über Jamparias, Tarabuco, Sudanez, Taomina bis nach Sopachui.

Sopachui liegt etwas tiefer, um 2000 Meter Höhe, und das macht sich auch angenehm bemerkbar. Ein kleiner reißender Fluss gabelt sich und in der Mitte der beiden Läufe liegt die kleine Ortschaft. Dort wohnte der Besitzer des mir angebotenen Waldes. Ich wurde gastlich aufgenommen, mit einem Essen von vielen Gängen und kaltem Bier, und ich schlief in dem Bett des Hausherrn, der in der Scheune schlafen ging.

Am anderen Morgen fuhren wir mit dem Lastwagen nach San Pedro und von diesem Ort ritten wir auf Mauleseln zum Wald. Wir brauchten über 6 Stunden, ritten viermal über breite, aber nicht tiefe Bergflüsse, über Mauleselwege,

die so schmal waren, dass ein Fehltritt der Tiere Absturz
bedeutete.

Als es dämmerte, waren wir da. Wir wohnten in einem zu-
sammengeschlagenen Gehäuse aus Holz bei dem Besitzer
der finca.[18] In jener Gegend kommt wohl nie ein Weißer
vorbei und alles ist noch so, wie es seit Urzeiten war. Mann
und Frau und Kinder und Ziegen und Schafe und Hunde
und Katzen wohnen zusammen. Titel über Besitz gibt es da
nicht und erst recht keine Grundbücher. Der Mann wohnt
da, wie seine Väter und Urväter da wohnten; er kann weder
schreiben noch lesen, noch war er je weit von seiner finca in
einer Stadt. Er lebt da mit den Seinen, wie man in den Zeiten von Abraham lebte. Der Wald lag in 5 Falten der Berge
und zog sich hoch hinauf, wo angeblich Bären und eine Art
Löwen lebten.

Nach der Besichtigung ließ ich mir den Wald probeweise
auf 4 Wochen anstellen und vereinbarte schriftlich, wenn
ich nur 4 Wochen arbeite, ihm auch einen genau fixierten
Preis zu zahlen. Ich kehrte bald wieder und begann mit 12
Indios zu arbeiten. Ich hatte Äxte und Sägen mit und alle
möglichen Artikel wie Reis und Salz und Zucker und un-
echten Schmuck und Mehl und tuchui, eine Art Leinwand.

---

[18] Anscheinend hat dieses Wort ("Grundstück" oder "Bauernhof") im
Spanischen nicht unbedingt die im Deutschen geläufige Konnotation
von Vornehmheit. Nichtsdestoweniger werden im Folgenden mehrere
vornehme *fincas* erwähnt werden.

In jener Gegend zahlte man meistens nicht in Währung, sondern in Ware. Auch hatte ich einen großen Medizinkasten mit genauen Anweisungen über Krankheitssymptome und ihre Behandlung. Die Sägerei bestand aus einem alten Lastwagenmotor, ein paar Schienen und einem darauf fahrenden Wagen von nur 5 Metern und der Kreissäge. Der Motor war so laut, weil er in den Bergfalten widerhallte, als ob es donnerte. Die Maschinerie war aus 18 verschiedenen Auto- und Lastwagenmarken zusammengesetzt.

Benzin wurde mir täglich mit einem Maulesel, über dessen Rücken Kannen gehängt wurden, von dem 40 Meilen entfernten Sudanez hergebracht. Der Wald wurde nicht gefällt, sondern es wurde ein großes Feuer angezündet und gewartet, bis das verkohlte Unterholz abfiel. Dann wurde das Holz mit der langen Handsäge in Rollen von 2 Metern zugeschnitten und dann von der Kreissäge in Bretter und Bohlen aufgeschnitten.

Wasser hatten wir rein und bergkalt in einem Bach, der von den Bergen herabfloss. Ich wohnte mit einem jungen Burschen von 16 aus Leipzig, der schon gut Spanisch konnte, in einem Klepperzelt. Die Indios mit ihren Frauen hatten sich Hütten aus Laub errichtet und machten sich abends die wärmenden Feuer an. Ich aß meist mit ihnen; die Frauen waren gute Köche und machten besonders aus Mais alle möglichen Arten von Suppen und Speisen. In der Umgegend kauften sie Hammel und Geflügel.

Am Abend zupften sie ihre drei Saiten der kleinen handlichen Mandolinen und hatten Angst, dass die Bären oder Löwen von den Bergen herunterkamen. Einmal gab es ein Nachtgewitter. Der Blitz schlug ganz oben in den Wäldern der Berge ein und ein kleiner weiter Kreis von Flammen huschte um die Spitzen der Wälder herum.

Inzwischen kamen auch andere Indios direkt von den Bergen zu uns und boten ihre Mitarbeit an. Es waren stämmige, saubere Männer, gutwillig und arbeitsam und ungewöhnlich geschickt. Am Sonntag war keine Arbeit. Dann breitete ich mein Warenlager aus und verrechnete mit den Indios.

Als die 4 Wochen um waren, berechnete ich, dass die Sägeanlage zu alt war und der Transport auf Mauleseln bis San Pedro und von da mit Lastwagen nach Sucre zu teuer war. Rene Arandia, der mir den Wald angestellt hatte und der tief in Schulden war, sagte mir: „Wir sind hier 250 Kilometer von Sucre entfernt. Wenn Sie den Wald nicht kaufen, so werde ich Sie erschießen. Kein Hahn wird danach krähen. Ich habe schon zweimal Menschen getötet. Das bedeutet hier in der Wildnis gar nichts."

Ich schrieb ihm einen Brief und ließ ihn von meinem jungen Mitarbeiter, dem 16jährigen, überreichen. „Ich werde" – so schrieb ich – „in San Pedro, in Sopachui, in Sudanez und Tomanina und Tarabuco überall mich aufhalten und

153

jedem erzählen, was für ein caballero Don Rene ist – und was ich von dem Wald halte." Dann schlief ich die Nacht über mit dem Winchester in meinem Arm und mit der Machete in der Hand. Am anderen Morgen war Arandia verschwunden. Wir ritten sehr langsam, sehr langsam, an rot und blau blühenden Bäumen vorbei nach Sopachui, und sahen uns gut um.

Rene stand am Eingang von Sopachui. „Mein Vater und meine Frau und ich, wir haben Sie erwartet," sagte er und holte mich und meinen Mitarbeiter sehr feierlich – so dass alle es sehen konnten, wie gut wir miteinander waren – zu sich nach Hause. Dort war wieder eine Art Festessen. Aber über Nacht blieb ich vorsichtshalber doch nicht.

Das war mein vergeblicher Versuch, im Holzfach zu bleiben.

Das in Sopachui geschnittene Holz ließ ich im Walde liegen. Ich hatte dafür dem Besitzer der finca eine Axt als Geschenk zu lassen. Nach der Regenzeit (im Frühjahr) holte ich meine Ware auf Mauleseln ab. Jeder von ihnen kann eine carga (gleich 2 Bohlen) an einer Seite tragen. Es war eine lange Reihe von Mauleseln, mit denen ich mich endlich in Bewegung setzen konnte. Wieder die schmalen Saupfade über steile Berge, dann schwimmend mit der Last über die 4 Flüsse, bis wir sie dort hatten, wo sie mit Lastwagen nach Sucre kommen mussten.

Ich lagerte später die cargas (es war alles Zeder) im Hause meines Hauswirts und verkaufte sie an Tischler. Es war kein gutes und kein schlechtes Geschäft. Aber ich hatte gelernt. Und es war wieder ein Beginn geworden. Ich hatte in Icholoma einen sehr weiten Strohhut mit einem knallroten breiten Band herum, das mir bis auf die Nase hing. In der Nacht war vor meinem Zelt eine Laterne mit rotem Licht. Ich hatte gelesen, dass die Moskitos nicht gegen rotes Licht oder rote Farbe angehen. Die weiße Lampe vor dem Zelt aber war jeden Morgen mit einem Haufen von toten Moskitos überlagert.

Ich blieb gesund. Mein Begleiter, der 16jährige, fiel in eine Fieberkrankheit, die nicht mal diagnostiziert werden konnte. Rene Arandia starb bald darauf an Fieber.

Der Friedhof in Sucre

Er ist kein Kirchhof. Es gibt wohl 25 Kirchen im alten Sucre und viele von ihnen sind ein paar Jahrhunderte alt. Aber keine Kirche ist auf oder um den Friedhof. Auch kein Priester begleitet den Toten zum Friedhof und spricht an seinem Grab. Er spricht in dem Hause, in dem der Verblichene gewohnt und gelebt hat. Und er spricht meist nur die Gebete. Ich weiß nicht, warum das so ist. Vielleicht, weil wie bei den Juden alles auf das Leben und nichts auf den Tod eingestellt ist.

Der Friedhof ist schön in Sucre. Eine hohe Säulenhalle mit dem Spruch „Heute du, morgen ich" (in Latein) steht über dem Eingang. Ein weiter Garten, voll mit Blumen, Bäumen und breiten Gängen ist der Friedhof.

In der Mitte des Gartens eine lange Reihe von Mausoleen, keines dem anderen ähnlich, jedes eine kapellartige Halle mit oft bunten Kirchenfenstern, ewigen Lampen und kostbarem Gitterwerk. Über den Portici die Namen der alten spanischen Familien: Urioste, Arana, Arce, Itiralde, Gantier, Alvarez, Calvo, Fernandez, Villa, Linares. An den Seiten des Gartens die casillas der Toten, ähnlich den Fächern in den Postanstalten; jedes Fach groß genug, um den Sarg mit einem Toten hineinzustellen, dann das Fenster zu ummauern; eine Karte, wer hier „einmal war" und nicht mehr ist und ein Foto oder ein Spruch; meist ein Glas mit Blumen, oder ein künstlicher Blumenschmuck.

Es ist ein wirklicher Friedenshof. Das bisschen Liebe, das Menschen für ihre Nächsten haben, der Wunsch, ihnen – zu spät – noch etwas Gutes zu tun, das Unnennbare, das ewig Verlorene, die ewig junge Erinnerung, der Stolz des Familienklans: Alles zusammen machte diesen Friedhof zu einer Stätte der Schönheit, der Zwiesprache mit dem schon Dahingegangenen mit dem versöhnenden Gedanken: „Heute du, morgen ich."

Dagegen macht der Indiofriedhof, der sich gleich dahinter anschließt, ein trauriges Bild. Keine Mausoleen, keine Blumen, ein weites Lehmfeld, dazwischen kleine Lehmhügel, ein weißes Holzschild mit Namen, ein paar Papierblumen oder ein künstlicher Blumen- oder Perlenkranz zuweilen. Die Weißen und die Indios haben dieselben christlich-katholischen Glauben, dieselbe Kirche, und im Gottesdienst und in den vielen Prozessionen ist wenig Unterschied zwischen Weiß und Rot. Aber im Leben wie im Tode sind sie getrennt; und eigentlich ist der Indio-Friedhof nur ein Abbild ihres Lebens.

Aber bei Todos Santos (Allerseelen) wacht dieser Friedhof auf. Er ist wie ein buntes Tuch von Feldblumen. In allen Farben der ponchos und der Indiokleider sitzen sie herum um die Gräber ihrer Lieben. Mit Sack und Pack, mit allen Angehörigen und Freunden der Familie sitzen sie um das Grab eines Familienangehörigen, essen und trinken und sind wieder eine Einheit: Die Toten mit den Lebenden. Erst am Abend, wenn die Dämmerung kommt, gehen sie wieder heim.

Hinter dem Friedhof der Weißen, schon auf dem Gelände der Indios, hat Sucre der jüdischen Gemeinde ein Stück Land geschenkt. Sie ordneten so die Toten ein, wie sie die Lebenden einordneten: zwischen Weißen und Indios, aber schon mehr Indios denn Weiße. Vielleicht bin ich bitter, man soll Geschenken nicht auf den Zahn fühlen. Möglich, dass auf dem alten Friedhof der Weißen kein Platz zu vergeben war. Ich habe niemals einen Juden über den Platz klagen hören. Doch was sagt das schon.

Ich bin nun über 7 Jahre von Sucre weg, aber dieser kleine jüdische Friedhof kommt mir oft in Erinnerung. Vielleicht, weil ich diesen Friedhof einmal als meine Endstation betrachtet habe. Es ist ein ganz kleiner Friedhof, der vielleicht für 100 Gräber Raum bietet. Alles, was da ist, der Zaun, der Gittereingang, die Wege, die Blumen, sind Gaben von Juden.

Und die Menschen, die dort ruhen, sind einmal meine Kameraden gewesen. Sie sind es noch. Ich kann sie nicht vergessen. Soldaten in Schützengräben sind auch Kameraden. Aber meist die des Zufalls: Der Tag und die Stunde machten sie zu Kameraden. Die auf dem Friedhof ruhen, die sind in tieferem Sinne Kameraden. Sie sind vom Ahasver-Regiment, und das ist Tausende Jahre alt, und wer da einmal eintritt, kann und will nie mehr heraus.

Und doch ist da etwas Merkwürdiges. Es ist gewiss kein bolivianischer oder Indiofriedhof. Ich habe viele Friedhöfe gesehen. Es ist auch kein englischer, russischer, französischer, italienischer, und erst recht kein US-amerikanischer oder kanadischer Friedhof; es ist – so unglaubhaft nach allem, was die Juden in Deutschland erlitten – ein deutscher Friedhof, mit den Marmorsteinen, mit den Steinplatten, mit den Inschriften, mit der preußischen Ordnung und Genauigkeit eben eines deutschen Friedhofes. Ich habe alte jüdische Friedhöfe in Litauen und in Russland und in Königsberg gesehen; sie waren anders. Die Steine an den Gräbern in Sucre zeigten nichts von dem, was die Insassen erlebt hatten, nur von wo sie kamen und wo sie geboren waren.

Seltsam seltsam ist das alles. Mir fällt eine Geschichte ein. Ich saß im Wartezimmer eines Arztes in Brooklyn, New York. Mir fielen zwei Menschen, eine Frau und wahrscheinlich ihr Mann, auf, die hingegossen, fett und träge in ihren Sesseln mehr lagen als saßen. Levantiner, dachte ich auf den ersten Blick. Ich hörte sie sprechen – Spanisch. Ich fragte sie auf Spanisch, von wo sie kamen, und sagte ihnen, dass auch ich lange in spanischsprachigen Ländern gelebt hatte. „Wir leben in Tel Aviv,", antworteten sie. „In Israel." „Aber wo sind Sie geboren?" „Auch in Israel." „Aber warum sprechen Sie Spanisch?" „Unsere Eltern sprechen Spanisch." „Wo leben Ihre Eltern?" „In Tel Aviv, seit 20 Jahren, aber früher in Saloniki." Dort spricht man Spanisch, von Spanien her. Wir sprechen auch Jiddisch, Arabisch, Türkisch, Englisch; aber unter uns sprechen wir Spanisch." Verrücktes Volk, dachte ich. Vor 450 Jahren wurden sie ausgetrieben aus Spanien, keiner kehrt mehr zurück nach Spanien, aber immer noch sprechen sie Spanisch. Und ich dachte an die Deutschen, die nach USA wanderten und in der nächsten Generation kaum mehr Deutsch sprachen.

Der erste Jude, den wir auf dem Friedhof in Sucre bestatteten, war ein kleiner Mann mit langem Bart von über 70. Er war Religionslehrer bei Saarbrücken gewesen und mit einem italienischen Schiff ausgewandert, das auf offener See niederbrannte. Er wurde gerettet, aber verlor seine Habe. Er hieß Haber; er lebte von Eiern und Brot und Milch; er war orthodox, saß auf den Bänken der Plaza und klärte sie und schlief darüber ein. Als es noch keine Synagoge gab, feierten wir bei dem Schneider Manasse in der Bolivar Purim. Der alte Haber hatte vor sich zwei kleine Mädchen, die von Dr. Hirsch. Er erzählte ihnen in singendem Tone die Geschichte von Purim, der Königin Esther und des bösen Hamann. Es lag etwas Rührendes darin, und ich verstand auf einmal, woher das Wort „Trad-ition" kommt. Als ich eines Tages an dem Haus vorbeikam, in dem er wohnte, sah ich ein paar

Emigranten stehen. Haber war über Nacht gestorben. Er hatte keinem etwas davon gesagt. Er wollte niemand stören; er lebte und starb in seinem Gott.

Der Nächste war ein junger Mann, ein blonder Hüne; Baumgart hieß er. Er war aus Hamburg. In Sucre war er der Verwalter der Schokoladenfabrik von Martinez. Abends ging er mit seinem blonden Hünenweib in Gesellschaften spielen. Er geigte und seine Frau spielte ein harfenähnliches Instrument. Er war es, der mir am 21. Juni 1941 frühmorgens auf der Plaza die Nachricht brachte, dass Hitler in Russland einmarschiert sei. Ein großer Augenblick. „Baumgart," sagte ich, „das ist der Wendepunkt. Er wird sich verrennen, wie sich Napoleon und Ludendorff verrannten." Auf einem Wohltätigkeitsfest sah ich ihn und seine Frau, wie sie ihren Eltern zum Tanze spielten. Wie gesund, wie im Leben verwurzelt erschienen mir die vier.

Er starb bald darauf an Typhus. Als man ihn zu Grabe brachte, saß ich bei seinem Vater. Er war herzkrank, er klebte Tüten und lebte davon. Er sprach davon, wie er in Hamburg mit seiner Frau noch mit 50 stundenlang in der Elbe den einkommenden Schiffen entgegenschwamm. Er zeigte mir die Achselklappen seines Regiments, die über dem Bett angebracht waren. Wir betteten ihn bald darauf neben seinen Sohn.

Der Mann hieß Schneck. Ich weiß nicht, woher er kam. Wir hörten ihn nur an stillen Tagen, wenn das Radio nicht ging, auf der Plaza seiner rothaarigen Frau immer dasselbe sagen – ja er schrie ihr dasselbe in die Ohren: „HIER verhungert keiner." Sie glaubte nämlich verhungern zu müssen. Als man sie ins Irrenhaus brachte, saß er bei mir. „Wie lange dauert es," fragte er, „bis sie wieder herauskommt? Sie leidet an Schizophrenie und ich hörte, Ihre Frau..." „Ich weiß nicht," sagte ich und schwieg. Ich muss es wissen, meinte er. „Und ich muss mich darauf noch einrichten. Ich habe einen Sohn in Padilla." „Bei meiner Frau war ich 17 Jahre; sie wurde nicht gesund." Da ging er. Wir begruben sie ein paar Tage später.

Auch einen Zahnarzt aus La Paz brachten sie in das Irrenhaus zu den Indios. Auch er starb ein paar Tage danach. Es muss etwas wie Todesstrafe sein, als Kranker unter halbnackten Wilden zu leben – oder besser zu sterben.

Lindenstedt war aus Ostberlin. Ein ganzer Berliner. Um das Ende der 60. Er fabrizierte Lederwaren in Berlin und reiste in viele Länder, sie zu verkaufen. Berlinern kann man nichts vormachen, ihm schon gar nicht. Er war ein Skeptiker allen und auch seiner Familie gegenüber. Er saß an seinem Tisch, schnitt Leder zu und hämmerte die kleinen Nägel und glättete die Streifen, ganz wie Hans Sachs, der Schuhmacher von Nürnberg. Nur die beleuchtete Wasserkugel fehlte. Was er machte, Mappen, Portemonnaies, Handtaschen, war für die Ewigkeit bestimmt. Made in Germany.

Er verlieh auch Geld, riskierte viel zu viel dabei, verlor es oft und verlor damit den Respekt der anderen Emigranten. Warum solle er nicht Geld verleihen, meinte er. „Ich bin ein alter Mann und kann wenig mit Geld hier anfangen. Jüngere haben durch mein Geld die Möglichkeit, sich ein Geschäft aufzubauen." Die Juden dachten anders darüber; sie wussten, dass man ihnen Wucher vorwarf im Laufe ihrer langen Geschichte; sie reagierten auf Lindenstedts Geldverleih wie ein gebranntes Pferd vor dem Feuer.

Auf dem Schrank oben hatte er die Beilagen der deutsch-argentinischen Zeitungen mit deutschen Gedichten. Wenn ich sonntags kam und er allein in seiner kleinen Wohnung war, die auf den Garten führte, nahm er die Blätter und las mir Gedichte vor.

Lindenstedt war ein Antisemit. „Es ist kein Wunder," sagte ich ihm. „Ich habe früher in Deutschland manches Mal Menschen vor mir gehabt, mit denen ich ihre Aktiven und Passiven gegenüberstellte. ‚Du bist bankrott,' sagte ich ihnen dann, ‚Du musst anmelden.' Aber keiner wollte sich eingestehen, dass er bankrott ist. Sie sind, lieber Lindenstedt, auch bankrott – aber nicht geschäftlich, sondern in Ihrem Leben. Sie sind Jude, wollen aber nichts davon wissen. Sie heirateten eine deutsche Frau und nannten Ihre Kinder

Adalbert und Senta. Ihr Sohn sollte die Konsulatlaufbahn machen und Generalkonsul in San Francisco werden, wie Sie mir mal sagten. Sie hofften, dass der Verwandte Ihrer Frau v. Luckner, der mit dem U-Boot, ihm dabei helfen sollte. Aber was kam? Sie sind jüdischer Emigrant. Ihre Tochter und Ihr Sohn sind mit Juden verheiratet. Ihr gutes Fabrikationsgeschäft und Ihr Haus in Berlin haben Sie verloren. Und warum? All das nur, weil Sie angeblich Jude sind. So kann ich verstehen, dass Sie Antisemit sind."

Als er starb, wurde er mit einem Achselzucken begraben. Wort- und blumenlos. Ich sah die selbstzufriedenen Gesichter rings herum und begann: „Wenn man durch den Staub hindurchsieht, der sich um jeden von uns im Laufe der Jahre legt," und endete mit: „Ehrt den König seine Würde, ehrt uns der Hände Fleiß."

Jeden Morgen, wenn immer ich nach Jotals zur Arbeit fuhr, sah ich eine kleine schmale Frau mit weißem Haar mit Blumen zum Friedhof gehen. Frau Lindenstedt schmückte das Grab ihres Mannes mit immer frischen Blumen, wie eine Blumenvase.

Dann holte der Tod Herrn Jacoby aus Dresden. Man muss unwillkürlich, auch nachdem er tot ist, ‚HERR Jacoby' sagen. Er war der Inhaber eines der großen Dresdner Juweliergeschäfte gewesen, wurde früh getauft und war genauso gekleidet wie in Dresden: in seriösem Schwarz. Er hatte das

Gesicht eines Konsistorialrates mit recht guter fetter Pfründe. Auch sprach er so. Ich war mit ihm, als er sein erstes silbernes Buchzeichen gearbeitet hatte. Nach Jahren des Nichtstuns ein neuer Beginn. Er war plötzlich 10 Jahre jünger. Das war der Anfang; später machte er viel aus Silber, und er hatte auch ein paar bolivianische Handwerker in seinem Betrieb.

Er starb recht plötzlich. Nur ein paar Juden waren bei seiner Bestattung, aber eine Menge Bolivianer. Es war wieder wie bei Heine: „Kein Kaddisch wird man sagen, keine Messe wird man lesen." Aber als man den Sarg in die casilla heben wollte, stoppte ich mit einer Handbewegung die Träger und hielt ihm eine Abschiedsrede in Spanisch. Ich sprach von ihm wie von dem Lehrer aller Lehrer, Moses, der Pyramiden aus Menschenleibern gebaut hatte, die die Jahrtausende überlebten, und wie stolz der Heimgegangene war, einen kleinen Baustein in dieser Pyramide zu bilden, und wie er in jungen Tagen davon geträumt hatte, ein Rabbiner zu werden. Dann mauerten sie ihn ein, auf dem Friedhof der weißen Christen. Seine Tochter schickte mir den Schlüssel zu seiner casilla.

Arthur Holzer war einer der Getauften. Er war ein merkwürdiger Mann; er erinnerte an den Komiker Grog oder einen Gummimann. Er war aus Wien, etwas wie eine Abenteurer-Atmosphäre war um ihn. Er war Musiker in einer Kapelle gewesen, Rennfahrer, schwer verwunderter Soldat der austro-ungarischen Armee, Börsenmakler, und er war mit seinem Wiener Mädel gekommen und hatte ihr einen Friseurladen eingerichtet; er ging für sie jeden Abend bei Geschäftsschluss die Kasse abholen. Nebenbei mietete er einen Laden und war nun Möbelmacher. Er kaufte und verkaufte sehr gute Altmöbel und Antiken, mit gutem Geschmack. Er hatte Marken, Münzen, ausgestopfte Schmetterlinge, Gewehrbilder und vieles andere zu verkaufen, und außerdem war er Vertrauensmann für den Verkauf ein Einkauf von Devisen. Die Emigranten liebten ihn nicht. Er war ihnen zu klug. Ich mochte ihn: Er war eine ausgesprochene Persönlichkeit.

Am Abend, bevor er zur Operation ging – und er war oft in seinem Leben zu Operationen gegangen –, traf ich ihn an einer Ecke. Er stand auf der anderen Seite der Straße. Ich grüßte ihn von weitem mit dem Boxkämpfergruß, und er ballte seine Hände und grüßte ebenso zurück. Wir verstanden beide: zum Kampf mit dem Tod.

Sie schoben ihn in einen Sarg klang- und wortlos, ohne Priester, ohne Blumen, ohne Wort in die casilla. Bald darauf verschwand das Wiener Mädel.

Der Letzte, den ich zu Grabe trug, war der Königsberger Arzt, der Orthopäde Dr. Hiller. In Königsberg waren wir nie zusammengekommen. In La Paz hielten wir uns für Freunde. Er kam nach Sucre auf der Durchreise nach

166

Azurduy. Er fuhr mit seiner Frau auf einem Lastwagen nach Sopachui. Von dort bis Azurduy gab es nur einen Maultierweg. Wie er die paar hundert Kilometer mit seiner Frau dahin reiten sollte, war mir ein Rätsel. Beide waren nie auf einem Pferd gewesen. Aber sie kamen an: Sie wurden lange vor Azurduy von einer Azurduer Reitergruppe begrüßt und feierlich nach Azurduy geführt. Dr. Hiller war der einzige Arzt in diesem weiten Bezirk, dessen Hauptort Azurduy ist. Bisher war nur ein Heilgehilfe da. Es sind dort etwa 99% der Indios malariakrank. Dr. Hiller war der Arzt für alles. Er brachte in Scheunen Kinder zur Welt und kämpfte tapfer, aber vergeblich gegen die anderen Krankheiten des Landes.

Dann ging er in einen kleinen Ort bei Tarija; da gab es noch Beulenpest und Fleckfieber. Die letzten Jahre lebte er in Kilpani als Minenarzt. Kilpani war etwa 5000 Meter hoch. Er schrieb mir, wie stolz und dankbar er war, dass er noch bis 70 seinen Beruf ausüben konnte.

Als es zum Sterben kam, kam er von der Höhe zu uns nach Sucre. „Sein Herz ist wie ein Lappen," sagte mir sein Arzt. Er blieb bis zum letzten Tag klar im Kopf und kontrollierte sich selbst als Arzt. Drei bolivianische Ärzte kamen fast täglich zu ihm. Sie taten alles, was möglich war, ihm zu helfen, als Kollegen zu einem Kollegen; sie lehnten es ab, bezahlt zu werden. Dr. Hiller und ich, wir waren in derselben Stadt, in derselben Schule und in derselben Gemeinde aufgewachsen. „Sagen Sie Kaddisch für mich," sagte er. Der kleine Mann war furchtbar schwer, als mein Sohn[19] und ich ihn in einem Laken vom Bett schleppten. Wir legten ihn nach einer alten Judenvorschrift auf die nackte Erde, zündeten Kerzen an und saßen bei ihm die Nacht hindurch auf Totenwache.

Herr Mayer hatte das Freundliche an sich, das oft Menschen aus dem Rheinland haben. Er war ein mittelgroßer Mann, blond, mit fröhlichen Augen. Wir saßen auf der Plaza und er erzählte von seiner guten Zeit. Er hatte im Rheinland Putz erlernt und Konfektion und hatte später in Breslau einen Putz- und Damenartikelladen eröffnet. Das Geschäft ging gut und er errichtete eine Filiale in einer anderen Stadt. Seine Frau, die aus der Branche war, half ihm. Dann kam Hitler und er wanderte nach Bolivien. Er war in Jungas Farmer gewesen, hatte Malaria bekommen, hatte dann in Santa Cruz und in Cochabamba sein Glück versucht, aber nirgendwo Erfolg gehabt. Nur war er Färber in Sucre, aber auch da kam er nicht vorwärts. Er erkrankte schwer und ließ mich durch seine Frau an sein Krankenbett bitten. Ich erschrak: Nie hatte ich bei Emigranten eine solche Armut gesehen. Mann, Frau und ein Sohn von 22 und einer von 13 lebten alle zusammen in einer dunklen Hofstube. Kein Schmuck, kein Bild, keine Blumen; nur trostlose Armut.

Meyer hatte Angina Pectoris und quälte sich sehr. Keiner kam zu den armen Leuten. Er war einer der Wenigen, die

---

[19] Es muss sich um Max handeln.

Hilfe vom Hilfsverein bekamen. Am Tag seines Todes kam sein Sohn zu mir. Sie hatten nicht mal Geld für den Sarg. Wieder wie bei Lindenstedt standen die Männer und Frauen herum und dachten, Wer ist er schon? Es wird schon seinen Grund haben, wenn er so arm blieb und seine Familie ohne einen Pfennig zurückließ. „Thomas Mann," sagte ich, „spricht in seinem Buch Tonio Kröger von den Hellen, die immer Glück haben, und von den Dunklen, die immer Pech haben. Es ist kein Verdienst der Hellen und es ist nicht schuld der Dunklen; es ist Schicksal. ‚Er ist gewandert hin und her, er hat gehabt weder Glück noch Stern,'" zitierte ich Heine. Er ist gestorben, verdorben.

Professor Kassewitz erschien mir wie der typische Pauker. Er war Oberlehrer an einer Schule (ich glaube in Breslau) gewesen. Er sah auch so aus. Bei jeder Debatte sprach er lange und langweilig. Er fehlte in keinem Vortrag. Er, seine Frau und seine blonde Tochter waren wie ein Kleeblatt: Man sah sie immer zusammen, und sonst mit niemand. Ich kannte ihn natürlich über fast 9 Jahre. Wir grüßten uns, sprachen aber nie zueinander. Er war, so schien es, eine lebende Kritik – in Hosen. Ich besuchte ihn, als er sehr krank war. Wir kamen seltsamerweise sofort in regen Kontakt. Er lag mit Krebs (und Fieber), sprach aber nicht darüber. Er schien so rege, als ob er seine Krankheit vergessen hätte. Er erzählte mir, dass er einmal Rabbiner werden wollte. Ich weiß nicht mehr, worüber wir sprachen. Ich weiß nur, dass wir bald beide die Krankheit vergaßen, so rege, so wahrhaft interessiert war er.

Ein paar Tage später sah ich mehrere Jungen und Mädchen vor seiner Haustüre stehen. Es waren Schüler von ihm. Sie brachten seine Leiche in die Universität und bahrten sie dort auf. Sie stellten ein großes Kruzifix hinter sein Haupt und brennende Kerzen. Als Juden von der Gemeinde kamen, um bei ihm zu wachen, und – wie es religiöse Vorschrift ist – den Hut aufhatten, fragten die Studenten, ob sie nicht so viel Anstand hätten, den Hut abzunehmen. Da gingen die Juden.

Hans Siegel war ein Holzkollege von mir. Er war bei der bekannten oberschlesischen Holzindustrie angestellt gewesen. Er kam mit Frau und einem Baby nach Sucre. Sie mieteten ein Zimmer, kochten und brieten und hatten meist nur Emigrantengäste. Später mieteten sie ein größeres Lokal. Aber es ging nicht vorwärts – trotz seiner tüchtigen Frau. Siegel ging erst zur Unificada auf die Minen nach Potosí, aber er kam bald zurück. Er konnte den genau vorgeschriebenen Dienst nicht ertragen. Siegel hasste Zwang. Dann ging er in einen Wald bei Sopachui, blieb aber nicht lange. Schließlich ging er mit Kleidern und anderen Waren nach Padilla als Verkäufer. Aber auch das dauerte nicht.

Da gelang ihm endlich der große Wurf. Sie mieteten ein Hotel. Die Amerikaner kamen eine Ölleitung legen, das

Haus war voll, der Whisky floss, die Dollars strömten ein. Die Siegels hatten Fuß gefasst. „Was nützt das alles?" sagte er mir. „Ich bin ein Holzmann. Ihnen ist es gelungen, mir nicht." Siegel liebte in dem Hotel- und Restaurantbetrieb nicht die Arbeit, aber die Menschen. Er war ein wunderbarer Anekdotenerzähler. Während bei den anderen Emigranten der Kunde die Majestät war, war Siegel unglücklich, wenn einer in sein Lokal kam, wenn er gerade eine seiner Geschichten erzählte. Wenn einer bedrückt war oder schlecht gelaunt: Das beste Rezept war eine Stunde bei Siegel. Man ging erwärmt, erleichtert und menschlicher wieder heraus. Siegel gab immer, wenn er etwas geben sollte, aber niemand wusste es – er auch nicht.

Er starb mit 42 an einer schleichenden Krankheit, bei der Fieber und Untertemperatur abwechselten. Er war eine jener Krankheiten, von denen auch kein Arzt wusste, was es war und wie er sie nennen sollte. Er hinterließ einen Jungen von 10. Seine große Liebe. Auf seinem Grab steht ein großer, hoher Marmorstein; darum herum eine breite Marmorumfassung. Wer an seinem Grab steht, sieht nicht den Stein, sondern einen großen, schlanken, lebensstarken Mann, einen Haudegen, der es mit jedem aufnimmt. Wenn ich an ihn denke, geht ein Lächeln um meinen Mund. Wohl jeder von uns verdankte ihm eine frohe Stunde.

Sucre

Während meiner 10 Jahre in Sucre versuchte ich dreierlei Art von Geschäften. Als erstes ging ich nach Icholoma, 250 km weg von Sucre. Dort schlug ich in einem Bergwald Zeder und pino morocho (eine Art weiße Fichte), schnitt die Bäume in Bohlen von 2,5-5 cm auf, lud die Bohlen auf Maulesel, transportierte das Holz 250 km nach Sucre und verkaufte es dort an Tischler. Dabei ergab sich, dass erstmal nur einige Monate im Jahr gearbeitet werden konnte. Im Sommer war es zu heiß; in der Regenzeit waren die 4 Flüsse, über die man das Holz mit Mauleseln hinwegtragen musste, zu geschwollen. Meine Zeit in Icholoma war dennoch nicht verloren: Ich lernte die Arbeitsweise und den Charakter der Indios kennen, den Transport mit Mauleseln, die Natur des Landes und die Qualität von Zeder und pino. Es war ein erstes Wiederfußfassen in einem fremden Lande, dort, wo das Land beginnt: in Bergen, Wäldern, bei den Ureinwohnern des Landes. Alles war mir fremd. Aber alles war echt und unverbogen. Nichts von Schein oder gar Aufmachung; Natur und Naturmenschen. Die Farbe war rot – die Menschen unter der roten Farbe, sehr menschlich, kindlich menschlich. Ich mochte sie und sie mochten mich.

Im Dezember 1940 übernahm ich dann die Vertretung der Firma Pablo Baehr für Sucre. Es war eine deutsche Firma

mit Sitz in Cochabamba und Filialen in La Paz und Santa
Cruz. Diese Firma hatte Vertretungen für Maschinen, recht
gute von deutschen, US-amerikanischen, argentinischen
und auch Schweizer Fabrikanten. Maschinen und Motoren
aller Art.

Mein Vertrag mit der Firma besagte, dass ich aufgrund der
Kataloge verkaufen und die Verkaufsformulare unterschrieben an die Firma nach Cochabamba senden sollte. Dort
wurden die Maschinen bei ihren Agenten oder Fabriken im
Ausland bestellt und an mich gesandt. Bevor ich eine Bestellung eines Käufers annahm, hatte er den Betrag bei der
Zentralbank zu hinterlegen; die Bank bezahlte aus der Hin-
terlegung, sobald die Maschine eintraf. Von der Kommission erhielt Pablo Baehr ein Drittel und ich zwei Drittel. Alle
Unkosten meines Büros in Sucre fielen mir zu Lasten.

Es schien eine gute Sache zu sein. Die Agenten von Pablo
Baehr waren erste Firmen in New York; die vertretenen
Fabriken gehörten zu den besten und bekanntesten in den
USA und Europa. Zwei Tage nach der Übernahme erschien
ein Araber bei mir mit einem Wechsel der Firma Pablo
Baehr Sucre, den ich einlösen sollte, weil ihn die Firma
nicht eingelöst hatte. Da in meinem Vertrag die Klausel
stand, dass ich in keiner Weise für die alten Schulden der
Firma hafte, erlitt ich nur einen Schock, aber keinen Ver-
lust.

Im Lagerraum der Firma waren etwa 30 Pflüge, die ich in der Übernahmeverhandlung des Lagers als Eigentum der Firma Pablo Baehr übernommen hatte und die ich gegen Kommission verkaufen sollte. Eine Woche nach Beginn meiner Tätigkeit bat mich die Firma, ihr einen größeren Geldbetrag zu leihen, und wollte mir als Sicherheit die Pflüge übergeben. Durch die Wechselsache misstrauisch geworden, fragte ich bei der Zentralbank, ob die Pflüge bezahlt waren. Die Bank hatte sie von sich aus bezahlt, aber sie waren ihr als Sicherheit übereignet.

Ich verkaufte überraschend viel. Der Umsatz war mehrere Male größer als in derselben Zeit des Vorjahres unter Pablo Baehrs Vertreter Robert Gross. Dann kam der Ausbruch des Krieges auch mit den USA, und die Versendung der US-amerikanischen Maschinen stockte. Als ich – etwas zu spät – den Vertretern der Firma in New York und in Buenos Aires Abschriften meines Vertrages mit Pablo Baehr zusandte mir der Bestimmung, dass zwei Drittel der Kommissionen an mich zu zahlen waren, teilten mir die Firmen mit, dass Pablo Baehr die meisten Kommissionen schon ganz abgehoben habe. Als ich der Speditionsfirma Gomez in Antofagasta das Frachten-usw.-Geld für eingeführte Maschinen aus Argentinien zusandte, schrieb mir die Firma, dass sie die eingesandte Summe mal erst auf alte Schulden der Firma verrechnet habe und ich neu für die eingeführten Maschinen zu bezahlen hätte.

Es stellte sich bald heraus, dass Pablo Baehr ein Kartenhaus war. Die Firma hatte die Anzahlungen oder Vollzahlungen ihrer Besteller für sich verwandt, der Inhaber sich eine große finca in Cochabamba eingerichtet, dort wie ein Grand Seigneur gelebt und seine Besteller damit vertröstet, dass er die Zahlungen für die Maschinen nach Deutschland gesandt habe und nun bis nach dem Krieg warten müsse, bis die Maschinen einträfen.

Roberto Gross, der mich veranlasst hatte, die Vertretung der Firma zu übernehmen, wusste natürlich alles. Er und sein Chef glaubten, dass ich ein Emigrant mit großen Mitteln sei, und nicht meine Mitarbeit, sondern nur mein Geld kam in Frage. Wiederholt versuchten sie, das bei mir hinterlegte Geld für sich zu bekommen. Sie wiesen darauf hin, dass sie die von mir bestellten Maschinen nur ausgeliefert bekommen, wenn das Geld auf ihren Namen bei der Bank hinterlegt ist – worauf ich nicht hereinfiel.

Roberto Gross, der Autoschlosser oder so etwas Ähnliches in Europa gewesen war (er wurde in den Baehrschen Briefen immer als Chefingenieur benannt), ein im Übrigen sehr liebenswürdiger und hilfsbereiter Mann, war wieder einmal nach Sucre gekommen. Er hatte eine Montierung nicht weit von Sucre zu machen. Ein Brief seiner Firma von Cochabamba ging ein. Da ich glaubte, dass es etwas Eiliges für ihn war, und er erst nach einer Woche zurückkommen sollte, öffnete ich den Brief. Pablo Baehr schrieb: „Wenn

Propp weder Geld herausrückt und nicht einmal die Möbeleinrichtung in Sucre kaufen will, feiern Sie ihn aus dem Büro."

Als Gross zurückkam, gab es einen Faustkampf – ich schlug ihn blutig –, und es endete mit einer Vernehmung bei der Polizei. Ich hatte Glück: Ein Polizist hatte gesehen, dass er zuerst mit dem Kampf begonnen hatte. So endete meine Tätigkeit als Maschinenmann. Ich sah nur einen Teil meiner Kommissionen, und nicht lange danach erschoss sich Roberto Gross bei Cochabamba. Pablo Baehr, Maschinenimport, Cochabamba – La Paz – Sucre – Santa Cruz war eine glänzende Fassade, mit schönen Büros, großen Titeln, vornehmen Vertretern; es war eine südamerikanische Fata Morgana mit deutscher Überschrift.

Im Dezember 1941 zog ich, an Erfahrungen reicher, an Bolivianos sehr arm geworden, aus dem aristokratischen Viertel nahe den Banken und der Plaza in eine armselige Gegend. Dort, in einem ziegelgepflasterten Raum, stellte ich auf, was übriggeblieben war: eine in Kommission gegebene kleine Tischlereimaschine, ein Fass Texaco Oil und ein paar Ladungen Zeder. Ein Lastwagen brachte diese Herrlichkeiten zu meiner neuen Stätte. Hinter diesem Wagen schritten meine Frau und ich wie hinter einem Leichenwagen. In meiner Tasche waren ganze 40 Dollars.

Der Laden in der Anicetto Arce war eine traurige Angelegenheit. Ich saß in dem kalten Raum und wartete auf Kunden. Ab und zu kam mal ein Mann, der sich von dem Texaco Oil-Fass ein paar Liter abzapfte, mal ein Tischler, der ein paar Bretter kaufte.

Einmal kam ein Gerichtsbeamter, der mir eine Vorladung brachte. Ein Señor Penarrietta hatte mich wegen Betruges angezeigt. Ich lachte, aber der Anwalt, Dr. Urioste, dem ich die Vorladung zeigte, lachte gar nicht. Es handelte sich um die Summe, die ich für eine Lieferung an Penarrietta dem Spediteur Gomez nach Antofagasta eingesandt hatte, die der aber auf alte Schulden der Firma Baehr verrechnete und deshalb die Maschine nicht an ihn absandte. Er (Gomez) behauptete, er habe gar kein Geld für die Maschine erhalten, und Penarrietta sagte, das wäre Betrug, denn ich hatte ihm das Geld abgenommen und angeblich nach Antofagasta gesandt. Ich hatte natürlich die Belege, a) für die Sendung, b) wofür das Geld war, und so verlief die Sache harmlos.

Aber es dauerte doch lange, bis das alles erledigt war. Ich hatte eine Anzahl Vernehmungen, und Dr. Urioste benutzte eine Einrichtung, die in Europa kaum bekannt ist. Wahrscheinlich ist das eine alte Bestimmung des Code Napoleon, der in Bolivien und anderen südamerikanischen Staaten in Kraft ist. Dr. Urioste lud die 5 Richter zu einer Sondersitzung ein, trug ihnen den Fall vor und legte ihnen die Beweise vor. Ich wurde eingeladen, als Zuschauer dabei zu sein.

Die Richter beschlossen, dass der Fall klar liegt und kein Verfahren einzuleiten ist.

Ein Indio kommt freundlich in den Laden und fragt nach einer Säge. „Ich schneide vigas," sagte er. „Was ist vigas?" fragte ich. „Eukalyptusbalken für Bauten." Er wohnt nicht weit, in Santa Anna. Ich begleite ihn und sehe zum ersten Male Eukalyptus-Rundholz und vigas, die man aus den Rundhölzern herausschneidet. Er verkauft mir die vigas und ich staple sie in meinem Laden auf. Es sind rechteckige Balken, alle in einer Stärke von 7,5x15 cm und meist nur 2 bis 4 Meter lang. Ab und zu kommt nun ein Zimmermann ein paar vigas für Bauten kaufen. Ich wandere mit dem Indio über Berge und Flüsse zu einer finca. Dort, an einem Ufer, stehen 20 dicke Eukalyptusbäume; der Indio wird aus ihnen vigas schneiden. Ich kaufe sie ihm ab.

Hochschild (die große Minenfirma, die die Minenstadt Potosí betreibt) schickt mir eine Anfrage. Ein großer Augenblick. Doch es handelt sich um 12 Stück Soto in bestimmten Abmessungen. Soto gibt es nur 100 km entfernt. Die Fracht würde viel mehr kosten als das fertige Produkt von 12 einzelnen kleinen Stücken. Aber ich habe auf dem Bahnhof ausrangierte Sotoschwellen gesehen. Der Mann, dem sie gehören, erlaubt mir, 12 Stück davon zu nehmen. Sie sind rund und ich habe sie vierkantig zu liefern.

Sägen für Soto gibt es nicht: Soto ist hart wie Eisen. Mir wird ein alter Tischler genannt, der eine besonders scharfe Säge aus besonders gehärtetem Stahl hat. Er schneidet sie mir. Cosulich, der Vertreter von Hochschild, bezahlt sie sofort. Er bringt mir nach ein paar Wochen denselben Betrag. „Sie irren," sagte ich, „Sie zahlten mir schon." „Das war die Prüfung. Die Ware war gut, aber wie war der Lieferant?" Aus den paar vigas wurde das Vigasgeschäft für Sucre und Umgebung. Aus den paar Sotohölzern, einer Bestellung von ca. 70 Fuß, wurden viele Bestellungen, von denen die letzte über ca. 500'000 Fuß war.

Eukalyptus wurde für das Grubenholz der Minen gebraucht und für Bauten der Minen und Häuser in Sucre. Eukalyptus war ein seltsamer Baum. Seine Blätter rochen so stark, dass keine Insekten, also auch keine Malariamücken, um den Baum waren. Der Baum brauchte viel Wasser. Er wuchs rasch und, je nach seiner Wassermöglichkeit, war er schon nach 20 Jahren oder früher schlagreif. Der Baum war erst vor etwa 50 Jahren von Chile aus eingeführt worden. Er hatte die unschätzbare Eigenschaft der Reinkarnation: Geschlagen, wuchs er wieder aus dem Baumstumpf heraus. Er wuchs meist nur an Flussläufen; es gab männliche Bäume, aber auch nicht zu selten weibliche Bäume. Die männlichen hatten ein hartes, aber flexibles weiß-gelbliches Holz; die

179

weiblichen hatten Blätter mit ähnlichen Früchtenkletten wie beim Ahorn und ein rötliches und sprödes Holz, das leicht splitterte und brach.

In der Praxis waren nur die männlichen Eukalyptusbäume zu gebrauchen. Es war aber niemand da, der das einem sagte, so musste man alles auch erst selbst ausprobieren. Hinzu kam, dass man nur kurze Längen arbeiten konnte. Das Holz krümmte sich. Ich wusste von der deutschen Kiefer her die Bearbeitung in Kreuzholz, das heißt der Pedding: Das Rückenmark wurde per Kreuz durchschnitten. Ich versuchte dasselbe mit Eukalyptus. Im Laufe der Jahre konnte ich bis 10 Meter schneiden; früher nur bis 4m. Aufgrund dieser Methode konnte ich auch mangos, d.h. Stiele für Äxte und Schaufeln, durch Handarbeit herausarbeiten lassen. Auch dieses erforderte viel Zeit und Lehrgeld. Die ersten 1000 Stück arbeitete ich aus weiblichem rötlichem Eukalyptusholz, weil es etwas weicher schien und besser aussah. Sie zerbrachen bei der Benutzung zu einem großen Prozentsatz. Im letzten Jahr meines Lebens in Bolivien, um 1949, verkaufte ich über 20'000 Stück an die Minen und die Eisenbahnen.

In diesem Jahr waren Ingenieure einer US-amerikanischen Ölleitungsfirma in Sucre. Sie bauten eine Linie nach Camiri. Sie hatten in Australien gearbeitet, wo der Eukalyptusbaum heimisch ist und sich zu ungewöhnlicher Dicke und Höhe entwickelt. Dort machten sie alles, was sie aus Holz machten, aus Eukalyptus. Ihnen konnte ich schwere Balken und dünne 2,5cm-Bretter nach Liste in großen Mengen liefern. Ich war selbst erstaunt, wie gut das ging.

Die Art des Geschäfts war immer dieselbe: Ich maß jeden Baum 1 Meter über der Erde, schätzte die Höhe und das Gefälle des Baums und errechnete den Kubikinhalt aufgrund der alten Regel 3x2mal π (3,164). Es gab keine gedruckten Tabellen, so musste ich jeden Baum selbst ausrechnen. Jeder Baum erhielt in weißer Ölfarbe seine Nummer, und die Nummernliste mit dem Kubikinhalt jedes einzelnen Baumes sandte ich dem Besitzer der finca ein, auf der die Bäume waren. In meinem Brief an den Besitzer wiederholte sich dann immer derselbe Wortlaut: „Hier die Nummernliste und der Inhalt der Bäume macht so-und-soviel Kubikmeter à Bolivianos für den Kubikmeter gleich eine Endsumme von im Total ... Bol. Falls Sie interessiert sind, Ihre Bäume zu verkaufen, stelle ich Ihnen anheim, sich mit mir in Verbindung zu setzen."

Das war natürlich neu für die Besitzer der fincas: Weder konnten sie Volumen ausrechnen, noch gab es einen festen Satz für Bäume. Sofern es zum Verkauf kam, zahlte ich die Kaufsumme zur Hälfte bei Vertragsschluss, die andere Hälfte nach Abwicklung, aber immer mit einem letzten Endtermin für meine Zahlungen.

Die Abwicklung war auch immer dieselbe. Da die Bäume meist nahe an Häusern standen oder an Obstgärten oder Ähnlichem, wie Brücken usw., wurden viele Bäume so gefällt, dass ein Mann bis zur Spitze des Baumes kletterte und dort ein Seil von vielen hundert Fuß anbrachte. Mit diesem Seil wurde dann der Baum beim Fällen und Fallen in die vorgesehene Richtung gezogen. Oft mussten 16 bis 20 Mann am Seil ziehen, um den Baum in Gewalt zu haben. Meist fiel er genau auf den Meter dorthin, wo man ihn haben wollte.

Ich sah meist weg, wenn der Mann kletterte: Er hatte keinen Steighaken, wie ihn die Telegraph- oder Telefonmänner haben, sondern er kletterte mit nackten Füßen, und ein Sturz von dieser Höhe bedeutete den sicheren Tod. Aber wir hatten nie ein Unglück beim Steigen.

Die Bäume wurden in runde Hölzer für callos und in längere für die Bearbeitung in vigas geschnitten. Es wurde ein Gestell gemacht etwa in Höhe von zwei Metern, der Klotz in die Höhe gestellt und an das Gestell gelehnt; ein Mann oben auf dem Gestell hatte den oberen Teil der langen Säge in der Hand, der andere unten auf der Erde hielt den unteren Griff. Und so schnitten sie auf und ab, auf und ab. Es war eine Galeerenarbeit, eine schweiß- und blutschwitzende Arbeit.

Das Brennholz, das anfiel, wurde ausgeschichtet und ebenso die Blätter und Zweige in gleichmäßige Haufen. Brennholz und Laub waren ein begehrtes Heizmittel für die Ziegelbrennereien. Alles geschah im Accord. Arbeit – Anfuhr und Abfuhr – musste genau berechnet werden, weil die Flüsse die Abfuhrwege darstellten; sie wurden nach der Regenzeit von Steinen gesäubert, die von den Bergen oder mit den reißenden Flüssen in der Regenzeit kamen. Flüsse reinigen war eine saure, langwierige Arbeit.

Diese Flussläufe waren meist recht schmal und die Berge an den Seiten hoch; so manches Mal kam plötzlich ein Gewitter auf und der Strom, der eben noch trocken war, wurde in 10 Minuten eine Wasserwelle. Oft wurden Lastwagen dabei verloren, Arbeiter ertranken und das Holz wurde so weit weggeschwemmt, dass es nie wieder lohnte, es aus dem Sand herauszuziehen.

Von Sucre aus, wo ich auf der Bahn einen großen Lagerplatz eingeräumt bekommen hatte, wurden die Grubenhölzer und vigas verladen. Sie gingen meist nach Potosí, wo in der Höhe von 5000 Metern das „Cerro" genannte Gebirge war mit seinem Zinn- und Silbergehalt.

Das Geschäft war am Anfang sehr klein; nur langsam wuchs es, aber stetig. Ich arbeitete mit zwei eigenen Lastwagen und einem Dutzend gemieteter; ich begann mit sechs Indios und hatte im letzten Jahre zuweilen 140. Der Mann, der meine rechte Hand war, konnte weder lesen noch schreiben. Aber er sprach nicht nur indianisch, sondern auch gut Spanisch. Er war pockennarbig und klein und sah etwas löwenartig aus. Er witterte Wetter und Wege und hatte den Instinkt eines Tieres. Er saß auf einem Baumstumpf und überwachte seine Gehilfen bei der Arbeit, ohne ein Wort zu sprechen, wie ein knurriger Schäferhund. Er hieß Sabino Saavedra.

Der Buchhalter Arriola war das genaue Gegenteil. Zart und leise und immer etwas geduckt, stellte er für jeden Indio den Vertrag zusammen und bestimmte, was jeder zu bekommen hatte. Er war der Vertrauensmann aller Indios und meiner auch. Er war ein Gelehrter, denn er konnte lesen und schreiben und sogar rechnen. Die Indios konnten es nicht. Sie waren ganz auf Vertrauen angewiesen. Ich hatte ein paarmal gesehen, wie angesehene Bauernhofbesitzer – Weiße – ihre Arbeiter in Gold bezahlten, das nur so glitzerte, und wie froh sie waren. Es waren „goldene" Kupferstücke in bolivianischer Währung. Arriola und ich, wir waren von dem Potsdamer Rechnungshof. So kamen sie von allen Seiten, wenn wir riefen, zu Arriola und mir. Ich mochte sie und sie mochten mich.

Die Menschen in Sucre – so klein die Stadt auch war – lebten in genau bestimmten gesellschaftlichen Abgrenzungen: die alten spanischen Familien (unter denen es wiederum

184

Abstufungen nach Alter und Besitz gab); die Männer der Universität, der Krankenhäuser und der Schulen, die den Titel Doktor oder Professor hatten. Sucre war überschwemmt mit der so genannten Doktoritis. Hier hatte der Beruf, dasselbe Interesse, dieselbe Kleidung, dasselbe Einkommen die Grenzen zwischen Rot und Weiß (nicht immer, aber doch im Unterbewusstsein) so ziemlich verwischt. Ähnlich war es bei den Studenten.

Sucre war seit Jahrhunderten eine Art Weimar Südamerikas. Die Universität, die erste auf dem Kontinent, war eine rege Stätte geistiger Forschung und war mit ihren Hunderten von Studenten und Lehrern auch aus Europa der eigentliche – auch wirtschaftliche – Mittelpunkt. Dazu kam noch die escuela normal, die einzige Lehrerausbildungsanstalt von Bolivien. Sie hatte ebenfalls Hunderte von Studenten.

Auch waren in Sucre die corte suprema, das oberste Gericht von Bolivien, und das manicomio, die einzige Irrenanstalt des Landes. Nimmt man noch die Jesuiten, Salesianer, Franziskaner, die katholischen Mädchenschulen, die sozialen Anstalten der Boeto-Nonnen hinzu, so hat man die anderen Zentren, die spirituellen, und kann sich so ein Bild einer kleinen Stadt machen, in der die paar tausend Weißen führend sind, sich aber in Arbeit und Anschauung und Ausbildung mit den Nichtweißen vielleicht schon unbewusst so mischen, dass sie alle zusammen eben Sucre ausmachen.

Das Bindemittel war, dass einer den anderen Teil brauchte, und über alle die katholische Kirche, die in ihrem Klerus keinen Unterschied machte zwischen Weiß und Rot: Es gab Bischöfe von beiden Rassen. So wie sie unten durch ihre Ordensbrüder die Kinder in Handwerk, Lesen und Schreiben und auch in Landwirtschaft und anderen Dingen erzog, so hielt sie in den oberen Schichten und Altersklassen die Menschen durch ihre Gebote zusammen und noch mehr durch die Gebräuche. Es gab keinen Unterschied in Messen zwischen Weißen und Roten.

Die Cholos[20] hielten ebenso zusammen und mischten sich nicht mit den Indios, die noch die Tracht der ponchos trugen und wirtschaftlich, aber auch sonst weit unter der Cholokaste standen. Sie sahen nach unten sehr herab – und sahen nach oben. Die Söhne studierten oft, und der Doktortitel war oft die große Dekoration, unter der die rote Haut verborgen wurde. Die Indios selbst aber – es war schwer, in sie hineinzusehen. Sie dachten wohl, nach dem alten Wort: Einst, als die Weißen kamen, hatten wir das Land und sie die Bibel. Nun haben wir die Bibel und sie das Land.

Sie hatten meist nur ein kleines Haus aus Lehm und sonst gar nichts. Was sie an geistigen Bedürfnissen hatten, konnte ich nie feststellen. Ich sah nie ein Buch oder eine Zeitung bei ihnen. Nur einmal in 10 Jahren konnte ich sehen, wie

---

[20] Mischlinge, meist ¼ Weiß und ¾ Indio.

sie dachten. „Was halten Sie von dem neuen Präsidenten?"
fragte ich Sabino Saavedra, meinen Vormann. „Für uns Indios," antwortete er, „ist es nur ein Wechsel des Namens.
Jeder gibt uns gerade so viel, dass wir nicht verhungern und
so für sie arbeiten können." Und doch scheint die Sehnsucht nach Wissen auch in ihnen zu sein. Sabino sagte mir
mal: „Ich kenne meinen Vater nicht, aber wenn ich ihn
kennen würde, ich würde ihm die Zunge mit meinen Händen aus dem Munde reißen, weil er mich nicht lehrte zu lesen und zu schreiben."

Es war eine kuriose Mischung der Menschen, die sich da im
Laufe der Jahre in Sucre gebildet hatte. Man hatte sich einander zugewöhnt, aber die Grenzen offenbarten sich sofort
und der Spalt war fast unüberbrückbar, wenn es sich ums
Heiraten handelte. Es kam nicht vor, dass ein Weißer eine
India heiratete. Auch fast nie, dass ein Weißer eine Chola
heiratete, und schon gar nicht, dass ein Cholo eine India
heiratete. Sie mischten sich miteinander, sie lebten manches
Mal zusammen, sie bekamen Kinder durcheinander,[21] aber
sie heirateten nicht miteinander. „Wir haben die praktische
Erfahrung," sagte mir ein Belgier, der seit 40 Jahren im
Land lebte, „dass ohne Ausnahme jeder Weiße, der eine

---

[21] Ich war versucht, „durcheinander" zu "voneinander" zu verbessern,
doch vielleicht ist die aus dem Text resultierende Doppeldeutigkeit in-
tendiert...

Chola heiratet, verkommt. Er wird langsam ein Teil der Cholos, aber nie eine Chola ein Teil der Weißen."

Sucre war eine kleine Stadt, umgeben von Sandbergen, fern von Verkehr, weit weg vom Pazifik, erst um 1930 durch ferrocarril (einen kleinen Eisenbahnwagen mit eigenem Motor) mit der Welt verbunden. So blieb den Menschen dort (soweit sie nicht viel Geld hatten und reisten) nur das Buch. Ich habe überall Bücher gefunden. Ich traf einen Barbierlehrling, der Freud, Die Humore der Völker las; einen Eisenbahnangestellten, der Trotzkis Die verratene Revolution las; einen Studenten der Medizin, der ein Dutzend europäischer Philosophen in seinem Bücherschrank hatte. Die Sehnsucht nach Wissen war groß, das politische Leben frisch und oft heiß, und darin gab es keinen Unterschied zwischen Weißen und Cholos.

In diesem Mausoleum Sucre blühte viel Jugend und suchte nach der blassen Blume des Glücks. Die Wege führten über Kirche, über Wissen, über Politik. Mir war nicht unbekannt, dass das Ziel, Menschen Brot, Arbeit und Frieden zu geben, seit Adam und Eva auf recht verschiedenen Wegen zu erreichen versucht wurde. Es gab immer und überall verschiedene Systeme der Wirtschaft und der Politik. Ich fand, dass das in der Natur liegt, die unendlich mannigfaltig ist. Ich fand jede Art der Diktatur als naturwidrig. Mir schienen die 10 Gebote des alten Moses auskömmlich genug dafür, die Richtwege des Menschen zu sein. Und das Schiller'sche

Wort: „Ein guter Mensch in seinem dunklen Drange ist sich des rechten Weges stets bewusst," traf den Nagel auf den Kopf. So gesehen ist Bolivien ein Land, das noch nicht mechanisiert ist, nicht vereinheitlicht, nicht konform ist, sondern mehr wie ein Querschnitt nicht nur der Menschheitsgeschichte, sondern auch der Naturgeschichte ist.

Die Inkas (die Ureinwohner) beteten die Sonne an, und in Cuzco kann jeder das Zentrum ihrer Herrschaft sehen. Diese Ureinwohner leben noch heute, sind noch heute die große Mehrheit des Landes. Sie lebten in Freiheit, bis die Spanier kamen und die christliche Kultur zu den Heiden brachten.

Die Spanier brachten ihnen die Bibel, das Feuerwasser, die Sklaverei und benutzten die Indios als Galeerensklaven in den Silberminen von Potosí und als peones für landwirtschaftliche Arbeiten. Die Spanier töteten die Führer der Indios, und erst in unseren Tagen sind den Indios neue Führer entstanden.

Die Spanier wiederum hatten seit einem Jahrhundert kaum noch Zuzug aus Spanien. Sie heirateten untereinander und wurden dekadent. Aus skrupellosen Abenteurern wurden reiche Kapitalisten, deren Kinder und Kindeskinder die Feder, das Pult und die Bücher der Banken bevorzugten – bis unternehmungslustige Europäer, Indios und Cholos sie allmählich aus allen Schlüsselstellungen der Macht und des Besitzes herausdrängten. Sie erinnern mich an die Lords, die zum Krönungstag der Königin sich die vorgeschriebenen

Kleiderfassaden gegen Gebühr ausleihen. Fraglos sind sie LORDS – fraglos sind die alten Herren der alten Familien in Bolivien spanische caballeros; aber wie Schiller sagt, „Fällt der Mantel, fällt der Herzog": Sie haben keine Macht mehr.

Neben den Weißen und den Roten und den Halbroten haben die Araber, die Syrer, die Jugoslawen (früher „Serben" genannt), die Italiener, die Deutschen, die Franzosen und die Engländer sich zwischengenistet und verkaufen in ihren Läden, was angenehm, aber nicht unentbehrlich ist, die sogenannten Luxusartikel für den menschlichen Körper und Magen.

So hat Bolivien viele Menschen, die noch so leben wie zu Zeiten Abrahams, auf eigenem Boden – meist ohne Grundbuch – mit alten Holzpflügen den steinigen Acker bearbeiten („Im Schweiße deines Angesichts sollst du dein Brot verdienen") und sich Haus und Kleider mit eigener Hand bereiten. Sie leben mit Weib und Kindern und Ziegen und Hühnern; ein paradiesisches Leben. Sie kennen weder Finanzämter noch Schulen, noch Doktoren, noch Vorgesetzte, noch Seife oder Toiletten; aber nichts davon gab es auch im Paradiese. Und die Sünde ist so naturnah wie der Apfel am Baum. Ob die Kinder vom Vater, vom Bruder oder vom Vetter sind, weiß niemand. Sie sind von Gott.

Doch gibt es in den Städten und auf den fincas schlossartige Häuser, die in Paris oder New York stehen könnten. Und so manche leben in einer Weise, die nicht von Europas oder Amerikas ersten Familien abweicht. Sie haben dieselben Cadillacs und bestimmt mehr Diener und Dienerinnen als ein Fürst in der alten Welt.

Es gibt in Bolivien Indios kleiner Statur, die teilweise auf den Bäumen leben: die Pygmäen. Ganze Volksstämme, die mit Pfeil und Bogen sich das Leben erschießen. Indios, die Marras und die Chequas, die verschiedene Dialekte sprechen und einander kaum verstehen. Aber auch Bischöfe, Ärzte, Präsidenten, Anwälte, Richter. So ist Bolivien eine menschlich bunte Landkarte von Weiß bis zum (vereinzelten) tiefen Schwarz. Nur Chinesen oder Japaner habe ich nicht gesehen. Und die Lebensweise reicht von Abraham bis zur Dachwohnung in der 5th Avenue in New York.

Geografisch ist Bolivien ein Tropenland, mit wild wuchernden Bäumen, Blumen und der Hitze eines Brutofens, mit allen Tier-, Schlangen- und Baumarten der Welt. Es ist aber auch ein Hochland, ein Bergland mit bis zu 7000 Meter hohen schnee- und eisbedeckten Gebirgszügen, auf dem fast nichts wächst, keine Bäume oder nur ein paar Eukalypten sind und nur das Lama und andere Tiere mit dickem Pelz leben können.

In Bolivien ist es Sitte, von jeder Rechnung etwas abzuziehen. Man prüft die Ware meist nicht nach, rechnet damit, dass etwas nicht gut ist oder sonst nicht stimmt, und zieht ab. Was auch immer ich den Minen lieferte und welches Unternehmen es auch war, im Durchschnitt wurden immer 4% abgezogen.

Ich malte auf jedes Stück Grubenholz die exakten Maße; ich gab jedem Stück eine laufende Nummer; ich sandte mit dem Waggon selbst die genaue Stückzahl und die ganzen Maße mit; ich ließ Wächter auf meinen Waggons mit der Ware bis zur Mine fahren; das half mir gar nichts. Immer wurden etwa 4% abgezogen. Bei der Hochschildfirma machte man sich die Mühe, diese Abzüge zu begründen: mit Fehlmengen, schlechter Qualität oder so; bei der Patinofirma machte man sich erst gar nicht die Mühe, sondern setzte einfach 4% ab. Sonst war das geschäftliche Leben und Benehmen genauso wie in anderen Ländern.

Ich schlug die Eukalyptusbäume auf ca. 50 fincas ein. Es ging meist alles glatt und in recht angenehmen, freundschaftlichen Formen. Die spanische Höflichkeit und Gastfreundschaft war überall gleich groß. Der einzige Differenzpunkt ergab sich nach der Ablieferung. In meinen Verträgen hieß es, dass ich für die Schäden, die beim Fällen der Bäume entstehen, verantwortlich bin. Jeder Blumentopf, der zerstört wurde, hatte plötzlich den Wert eines Topfes in der 5th Avenue und die Apfelbäume bestanden aus lauter goldenen Äpfel.

Ich erinnere mich einer Farm bei Sudanez. Sie gehörte einem Domherrn und einem Richter a.D. Der Richter wohnte auf der Farm; ich hatten ihn während der Arbeit nie zu Gesicht bekommen. Umso mehr war ich erstaunt, als er mich beim Schluss des Geschäfts zu Tische bat. Es gab eine Art Hochzeitsessen, und ich ahnte nichts Gutes. Beim Adieusagen drückte er mir das Dessert in die Hand. Es war ein Couvert und in ihm eine meilenlange Liste von angeblichen Schäden. Jede Blume und jedes Radieschen und jeder verrückte Stein waren darin aufgeführt. „So teuer habe ich noch nicht gegessen," sagte ich zu meinem Sohn. Ich zeigte die Liste seinem Domherrnbruder in Sucre. Der lachte und strich sie wortlos zusammen. Die alten Familien in Sucre glaubten sich nicht nur caballeros, sie waren es sogar in Geschäften.

Selten wurde gehandelt: Die meisten unterschrieben sofort, was ich ihnen bot. Es gab Güter, auf denen ich 5- oder gar 6mal Bäume kaufte. Dagegen handelten die Herren der Minengesellschaften wie die Feilscher auf dem Bazar. Kein Mittel ließen sie unversucht, um die Preise und die Bedingungen zu drücken. Während die Minen alles in Dollars verkauften und die Beamten Dollargehälter hatten, war es mir nie möglich, meine Waren ebenfalls in Dollars bezahlt zu bekommen. Dabei fiel der Boliviano dauernd im Wert; aber mein Einwand, dass die Handlungsweise, alles in Bolivianos zu kaufen und nichts in Bolivianos zu verkaufen, ein fortgesetzter gewerblicher Betrug war, wurde einfach ausgelacht. Als ich endlich Front machte, holten sie sich von Santa Cruz einen Cholo, gaben ihm einen Vorschuss und setzten ihn auch in Sucre an.

Die Beamten der Minen waren Europäer, meist junge Leute, Emigranten aus Deutschland, meist Juden. Sie waren sehr jung, hatte noch keine richtige kaufmännische Lehre gehabt und wurden nun auf die Menschen in Bolivien losgelassen. Sie hatten den Schlüssel zu den Minengeldschränken in den Händen und das war ihnen so oft zu Kopf gestiegen. „Wir gaben ihnen die Möglichkeit eines neuen Lebens, sie kamen ohne Hosen – und jetzt behandeln sie uns, als ob sie unsere Herren und wir ihre Knechte wären!" Wie oft hörte ich diesen Einwand.

Natürlich gab es auch sehr gut erzogene und hilfsbereite und bescheidene Männer unter ihnen. Aber das waren nur die selteneren. Sie hatten alle ohne Ausnahme allerdings etwas, das in Bolivien mehr als selten war: Sie waren unbestechlich. Sie waren absolut ehrenhaft und ihrem Beruf mit Leib und Seele zugetan. Sie kamen sich alle wie etwas Besonderes vor, dabei wirkten sie, verglichen mit den alten Familien, wie kleine Handlungsgehilfen.

Als Neuankömmling erging es mir wie jedem Neuankömmling: Zuerst werfen sich die Halsabschneider und die Hochstapler an einen heran; von ihnen lernte ich jede Menge kennen. Dann kamen die besseren Elemente. Und schließlich die Soliden. Ich fragte mal meine Schwester in Paris nach einem Mann. Sie sagte mir: „Er und seine Frau sind meine besten Freunde. Wie sie wirklich sind, weiß ich nicht, ich habe noch keine Geschäfte mit ihnen gemacht." Wenn es danach geht, so gibt es viel wahrhafte caballeros in Bolivien.

Der Maler, der Bolivien malt, muss ein guter, sehr versierter Maler sein. Er hat den Indio mit seinen bunten Gewändern zu malen; die Araber, denen nur der Beduinenmantel fehlt; den Spanier, untadelig in Kleidung und Haltung; den nackten Pygmäen; die alten Kultstätten der Inkas; die vierhundertjährigen Kirchen; die ganz verschiedenen Gesamteindrücke der Städte La Paz oder Potosí, des verträumten Sucre, des orientalischen Sorata, der italienischen Landschaft um den Titicacasee, der Friedhofsgärten, der Plaza mit ihren Palmen; die eis- und schneebedeckten Illimani und Illampu mit ihrem kaltblauen Himmel dahinter; das malariaverseuchte, strohbedeckte, moskitoumsummte San Pedro bei Sopachui; verlassene und zusammengefallene Höfe und Häuser und Kirchen entlang dem Rio Chico, wo der Gelbfieber oder die Malaria die Einwohner auf den Friedhof brachten; und dann die Prachtstraße mit allen Anlagen eines Kurortes unserer Zeit; den Prado in La Paz mit der spielenden Musikkapelle und den vielen eleganten Frauen und

Männern, während Hunderte von den modernsten Autos spazierenfahren.

Bolivien ist auch ein Querschnitt der Technik. Vom Holzpflug, dem primitiven Webstuhl, der Lehmhütte, dem poncho, dem Maulesel, zu den modernsten Mineneinrichtungen tief unter der Erde, den Autos und Lastwagen auf der Erde und den Flugzeugen in der Luft; vom Holzpflug und den Menschen oder Ochsen, die vorgespannt wurden, bis zu den landwirtschaftlichen Maschinen und Motoren von Allis Chalmer und den Traktoren von Ford. Vom Geruch des Indioschweißes bis zum Pariser Parfüm, von aus Sackleinwand genähten Röcken bis zu Pariser Modellen.

Es war auch geistig und politisch ein Querschnitt. Von der Gottergebenheit aus Urzeit, gemischt mit vielen Überbleibseln in Bräuchen und Anschauung aus der Inkazeit, über die Überzeugungen aus der Feudalzeit der alten Familien zu der flammenden Überzeugung der religiösen katholischen Richtung der jungen katholischen Bewegung, an deren Spitze in Sucre Urioste stand, zu den liberalen Anschauungen, die von der französischen Revolution herstammten und deren jüngster Fanatiker Dr. Aniceto Solares war, bis zu den sozialistischen und auch kommunistischen Anschauungen der Männer um Bonifaz. Auch gab es da die zwei Richtungen der Kommunisten: die um Stalin und die um Trotzki.

Vielleicht am tiefsten und am größten war der Gegensatz zwischen der alten und der neuen Zeit in der sozialen Gesetzgebung. Die Indios lebten meist noch als Sklaven. Sie wurden zusammen mit der finca verkauft. Die Frauen der alten Familien wurden behütet wie hinter Schloss und Riegel. Aber die Gesetzgebung war: Wer zwei Jahre mit einer Frau lebt, gilt als gesetzlich verheiratet. Uneheliche Kinder haben dieselben Rechte wie eheliche. Ein Arbeiter hat eine bestimmte Kündigungsfrist. Nach einer bestimmten Zeit hat er Ansprüche auf Entschädigung bei Entlassung. Ein Angestellter hat eine Kündigungszeit von 3 Monaten zu beanspruchen. Für jedes Jahr in Stellung bekommt er, wenn er geht, einen Monat nachgezahlt; nach einer gewissen Anzahl von Jahren bekommt er auch dann eine ziemlich hohe Abfindung, wenn er nicht geht.

Sodann ist da eine Einrichtung, die ich in keinem Land Europas gefunden habe: Wenn ein Kind kommt (gleich, ob Indio oder nicht), bestimmt der Vater einen copadre und die Mutter eine comadre. Die Annahme einer solchen Vaterschaft oder Mutterschaft wird fast nie abgelehnt; ich hörte jedenfalls von keinem solchen Fall. Das Kind hat dann sozusagen zwei Väter und zwei Mütter, und mehr oder weniger sorgen so acht Augen für das Kind, besonders in Zeiten der Not. Diese Art ‚Wahlverwandtschaft‘ wird durchaus ernstgenommen und nicht etwa so behandelt wie die sogenannten Patenschaften in Europa. Als ich meinen Anwalt bat, mich in einer Sache zu vertreten, sagte er mir: „Leider unmöglich: Der andere Teil ist mein copadre." Natürlich suchen sich arme Väter oder Mütter einen wohlhabenden Mann und seine Frau als copadres aus. So haben manche ein Dutzend Patenkinder, und das ist noblesse oblige. Und da alle alten Familien (oft sogar nur) Französisch sprechen, verstehen sie gut den Sinn und die Verpflichtung des Wortes.

Ist so Bolivien, was Natur, Menschen, Technik und Politik betrifft, ein Land der weiten, weiten Entwicklung durch ein Jahrtausend hindurch und der Gegensätze, so scheint mir doch Manches auf einen Nenner zu bringen zu sein. Die Menschen sind in Bolivien nicht so an Zeit und Geld gebunden wie in Amerika oder Europa. Sie haben alle Zeit und fast alle ein Stückchen Land und ihre Familien; das Herz spielt eine größere Rolle als Geld. „Mañana" bedeutet noch lange nicht „morgen" (man will sich nicht binden). Man hängt ein Schild an seinen Laden und schreibt darauf: „Viajado," und fertig. Alle sind höflich, freundlich; es gibt nur wenige Ausnahmen. Keiner presst den anderen; Pünktlichkeit in jeder Beziehung, ob beim Kommen oder beim Bezahlen von Rechnungen, wird als Zwang empfunden. Und man liebt Zwang nicht.

Sie tragen alle das Ideal von Würde in sich. Eine alte Frau bot uns etwas an. Nach der Besprechung luden wir sie auf Kaffee und Kuchen ein. Sie ließ etwa ein Drittel des Stückes

Torte auf dem Teller zurück. Man isst nicht alles: Das schickt sich nicht. Dabei war sie halb verhungert.

Es liegt trotz aller Buntheit eine Art von Melancholie über den Menschen in Bolivien. Vielleicht liegt das an ihrer Grundanschauung über das Leben. Dr. Urioste – Anwalt und sehr wohlhabend – zog mal eine Postkarte aus der Schublade seines Arbeitspultes. Darauf war ein Mann gebeugt von einem großen Kreuz auf seinem Rücken. „DAS," sagte er, „ist der Sinn unseres Lebens: Nur durch Leiden kommen wir vorwärts."

Der Lastwagen hielt plötzlich. Es war kurz vor der Dämmerung. Señor Toledo, der so aussah wie er hieß: wie ein spanischer grande aus Don Carlos, ging mit mir Quartier suchen. „Wir können nicht weiter," sagte er. „Ein Reifen ist geplatzt." Es wurde rasch dunkel. An einem einsamen Gehöft hielten wir und klopften. Zwei Indios, ein Mann und eine Frau, kamen heraus. Toledo sprach mit ihnen – indianisch. Sie räumten uns ihre Betten ein und gingen in den Stall schlafen.

Als ich am Morgen aufwachte, sah ich über meinem Bett zwei große Bilder, aus Wochenschriften ausgeschnitten, an der Wand hängen. Der eine war Präsident F. Roosevelt; das andere Adolf Hitler. Bevor wir aufbrachen, brachten uns die Indios heiße Milch und Brot. Wie menschlich, freundlich und gastfreundlich doch diese Menschen sind, dachte ich; und wie ist doch alles egal, wenn nur das Herz wach ist.

Als wir an Toledos finca vorbeifuhren, wies ich auf den Zaun hin, der den großen Garten der finca umzäunte. Man sieht kaum Zäune auf dem Land, die so gut in Stand gehalten werden. Auch fragte ich ihn, was er baut und wie die Ernte sein wird. Er lachte und sagte: „Bueno, ich bin jetzt 70, und ich frage nicht nach Ernten. Die einzige Ernte ist die, die ich betrachten werde, wenn ich sterben werde. Meine Kinder und Kindeskinder – ich habe zwölf Kinder. Das ist die einzige Ernte, die einen glücklich machen kann."

Rudolfo de Urioste hatte auf seinem Pult ein Bild stehen. Es war die Fotografie seines Sohnes in Franziskanertracht. Als sein Sohn sehr krank wurde, hatte er ein Gelübde getan: Wenn Gott ihn erhört, soll er später ein Mitglied des Franziskanerordens werden. Uriostes waren mit die älteste spanische Familie. „Sie sind Anwalt," sagte ich zu ihm, „wirtschaftlich unabhängig, können gut sprechen, sind der Sohn eines Präfekten; warum sind Sie nicht politisch tätig? Noblesse oblige. In jedem Land sonst sind die Mitglieder der alten Familien die aktiven und führenden auch in der Politik." „Es gibt zwei Arten von Menschen," meinte er: „die aktiven und die nur betrachtenden, und ich (und Sie, Propp) sind nur Beobachter, aber nicht Handelnde."

Er zeigte mir einmal eine alte Zeitung. Fast hundert Jahre alt. Ein Vorfahr von ihm hatte die Zeitung herausgegeben. Es hieß da über die Indios, sie seien faul, lügnerisch und zu nichts zu gebrauchen. „Sie," meinte er zu mir, „haben doch wohl dieselben Erfahrungen mit ihren Indios gemacht?" „Ich kann das nicht sagen," antwortete ich. „Aber was würden Sie denn tun mit den Indios, um sie zu bessern?" „Nun, wir brauchen sie als peones für die fincas, sonst wäre es das Beste, dasselbe zu tun, was sie in Chile und Argentinien gemacht haben, wo es kaum noch Indios gibt: töten..." „Doktor," sagte ich, „Sie sind doch ein religiöser Mann, Sie haben in Paris studiert, Sie sind am Obersten Gerichtshof der Anwalt für Minensachen; ich verstehe Sie nicht..." „Was würden Sie denn machen?" fragte er. „Schulen bauen, ihnen Gelegenheit geben, etwas zu lernen, noblesse oblige – sie menschlich behandeln." „Sie kennen die Indios nicht," meinte er.

Dieser Rodolfo Urioste war ein kleiner Mann und ging immer etwas überelegant. Er hatte eine große Familie und eine große Praxis; er hatte alles, was das Herz begehrt. Aber immer die innere Unruhe, immer das Suchen nach etwas, er wusste wohl selbst nicht, was. „Mir fliegt nichts zu," meinte er; „alles, was ich schreibe, muss ich erst hart durchdenken." Er war ein Einsamer; er sagte mir einmal etwas, was ich nie gehört hatte: „Es ist unser Fehler, und der fast aller Männer, dass sie nicht wissen, dass Frauen anderen Gesetzen unter-

201

liegen als Männer. WIR unterliegen der Logik; aber Logik ist keine Triebfeder von Frauen. Die wirkliche Triebfeder kennt weder ein Mann noch die Frau selbst. Es ist das Unberechenbare…"

Urioste, der oft bis in die Nacht arbeitete, hatte in den ersten Jahren, bis die Emigranten wieder auf eigenen Füßen standen, viele beraten, ohne je etwas dafür zu berechnen. Mir war er ein Freund und Helfer.

Dr. Benavides war der Chef des Krebsinstitutes in Sucre, des einzigen in Bolivien. Ich war der erste Patient, der mit Hautkrebs die neu gebaute Klinik besuchte. Ich lag in einem Zimmer allein, bedeckt mit Plastikstreifen, die Radiumpartikel auf meinem Gesicht festhielten. Ich betrachtete das Ganze als eine Art Erholung, denn ich hatte keinerlei Schmerzen, und das Essen und die Zeitungen wurden mir von meinem neuen Haus gebracht. So war es eine ulkige Situation, wenn die Damen aus den höheren Schichten, die das neue Haus besichtigten, mein pflasterbedecktes Gesicht sahen und mich mit von Mitleid durchfurchter Stimme leise fragten, ob ich die Bibel habe, und mir versicherten, dass Gott mir aufgrund ihrer Gebete helfen werde. Bis ich einmal die Geduld verlor und mich zu meinem Schreck sagen hörte: „Meine Damen, das Ganze ist eine Verschönerungsarbeit, nada mas. Und mein einziger Gedanke ist, Ihnen einmal verschönert zu gefallen." Seitdem kam keine mehr.

In einer Nacht erschreckte ich sehr. Ich wachte auf und sah vor meinem Bett zwei graue Schwestern knien und beten. „Dr. Benavides," sagte ich ihm am anderen Morgen, „eine Schwester genügt, aber jünger."

Ich bekam Nachricht, dass mein 5jähriger Sohn, der oben in Potosí (5000 Meter) war, mit Fieber liege. Benavides fuhr mit mir, die 6 Stunden hin und wieder zurück, nach Potosí. Als ich ihn fragte, was ich ihm schuldig bin, antwortete er: „Das war keine bezahlte Sache, das war ein Freundschaftsdienst."

Benavides war der Sohn eines Senators und hatte eine finca weit weg von Sucre, mit einer Zaunbarrikade gegen Angriffe der dort noch ungebändigten Indios. Er war aktiv, er fieberte von Aktivität. Als Kabinettsmitglied des letzten bürgerlichen Kabinetts war er oft in gefährdeter Situation. Als ich ihn in seinem Ministerium in La Paz Abschied nehmend besuchte, war auch der verletzte Stolz in seinen Augen zu lesen, dass ich das Land, das so gut zu mir war, wieder verlasse; aber wir umarmten uns warm und lange, wie es Brauch ist, und wünschten uns alles Gute. In den USA trat ich in Verbindung mit seiner seit Jahren im Krankenhaus liegenden Schwester, die an rheumatischem Fieber litt. Das war Benavides' letzter Wunsch gewesen.

Dr. Clovis Urioste war ein Mann, der Eden ähnelte, aber ohne Edens Lebenskraft. Er hatte viel angefangen, aber selten etwas zu Ende gebracht. Er war immer leicht begeistert, aber am Ende verlor er die Lust. Er hatte eine Kompanie mit Booten auf den Seitenströmen des Amazonas, hatte aber kein Glück damit. Er wurde Arzt, übte aber diese Tätigkeit nur selten aus. Er wurde Zahnarzt, praktizierte aber nicht, sondern war Professor der Zahnmedizin an der Universität. Er hatte eine sehr schöne finca noch innerhalb Sucres mit einem palastähnlichen Haus und einer großen Glasveranda, in der er arbeitete. In dieser finca war ein großes Schwimmbad in rotem Sandstein, aber so oft ich bei ihm war, ich sah nie jemand drin schwimmen. Er richtete einen fließenden Bach ein mit einem kleinen Teich und setzte Fische ein; doch Bach und Teich trockneten aus. Er hatte Öfen zum Kalkbrennen und kaufte Maschinen dazu von mir für die Führung, aber es lohnte sich nicht; und immer, wenn er Geld brauchte, kam er zu mir. Dann gingen wir zusammen an seine Eukalyptusbäume – und so hatte er Geld.

Er hatte eine Tochter, die mit Zuazo verheiratet war. Zuazo wurde wegen Unterschlagung im Amt ins Gefängnis gesteckt. Er hatte einen Sohn, der technisch hervorragend begabt war; der ließ seine Santa Cruz-Frau mit zwei Kindern bei seinem Vater sitzen und verschwand nach Santa Cruz. Er hatte eine sehr eigenartig aussehende Tochter von etwa 12; sie starb an Knochentuberkulose. Sein letzter Sohn war mit 30 noch Student – dazu verheiratet – in Santiago del Chile. Er war sehr krank gewesen im Chacokrieg. Dr. Clovis, sein Vater, der im Krieg Oberst war, brachte ihn im Flugzeug halb tot nach Sucre. Es dauerte sehr lange, bis er wieder nach Santiago gehen konnte. Dieser Junge war die große Liebe von Clovis. Der Junge war ein Träumer, aber er träumte mit Erfolg. Clovis zeigte mir die Ausschnitte der Zeitungen von Santiago. Sein Sohn hatte eine große Erfindung gemacht: eine künstliche Rechenmaschine, die tausend Rechnungen in ein paar Minuten machte. Mit dieser Erfindung und mit seinem Sohn wollte Clovis in die USA gehen. „Ich muss dabei sein," sagte er zu mir; „die Amerikaner beschwindeln sonst meinen Sohn. Ich war bei der Nationalbank und habe gebeten, mir 300'000 Bolivianos zu geben gegen Sicherheit auf meiner finca." „Wie lange wollen Sie dableiben?" fragte ich ihn. „Ich glaube 6 Monate."

Clovis war überglücklich. Wir gingen durch das alte stille vierhundertjährige San Alberto, und Clovis sprach über sein Leben, was er alles angefangen hatte und wie ihm fast nichts geglückt war. Am Tag drauf sagte mir ein Chauffeur: „Dr. Clovis Urioste ist gestorben." Glück hat er nicht gehabt. Aber viel Liebe. Die Stadt stand still, als sie ihn zu Grabe brachten. Die Studenten trugen seinen Sarg auf ihren Schultern die paar Kilometer von seinem Haus bis zum Friedhof.

Bevor ich nach Kanada ging, besuchte ich die Franziskaner und tat das einmal, was Clovis immer getan hatte, und gab ein Kuvert ab mit einem Betrag und schrieb: „Im Auftrag von Clovis Urioste, ½ für die Schule." Als ich von seiner Frau Abschied nahm, saßen wir beide in der Kapelle des Hauses und sagten nichts. Wir schwiegen lange und gingen auch wortlos voneinander.

P.S.: Clovis war ein frommer Mann – was ich nicht annahm. Ich sagte ihm einmal, dass ich nicht daran glaube, dass es nach dem Tode ein Fortleben gäbe. Er war ganz erschreckt; er meinte: „Don Arturo, wie habe ich Sie überschätzt! Ich könnte nicht eine Stunde leben, wenn ich ungläubig wäre wie Sie." Einmal fragte ich ihn (er war auch der Hygienearzt), ob es bei dem ruhigen Leben in Sucre auch Menschen gebe, die einen nervösen Zusammenbruch hätten oder überarbeitet seien. Ein paar Tage später sagte er lachend: „Ich habe die Blätter in unserer Zeitschrift bis zum Anfang um 1870 zurück aufgeschlagen: Da gab es alle möglichen Krankheiten, aber an Überarbeitung ist keiner erkrankt. Auch hat niemand einen nervösen Zusammenbruch gehabt."

Bilanz

Die Bilanz von 10 Jahren in Sucre/Bolivien ist:

Ich sprach über diese Bilanz mit dem Königsberger Dr. Hiller. Wir saßen unter den Palmen auf der Plaza bis um Mitternacht. Wir hatten von unserer Schule gesprochen, von unseren Lehrern und darüber, was wir gelernt und später in Königsberg gemacht hatten. „Ich weiß nicht recht, ob diejenigen, die sich vor Hitlers Gaskammern retten konnten, nicht ein besseres Leben gelebt haben als früher. Sie, Dr. Hiller, z.b. wären jedes Jahr weiter in dasselbe Bad gefahren, hätten denselben Rotwein getrunken, dieselben Menschen gesehen, dasselbe Theater besucht, wären mit 60 Sanitätsrat geworden, hätten unter Wilhelm mit 70 Ihren Kronenorden bekommen, und so ist doch alles anders gekommen. Sie wurden ins Wasser geworfen und siehe, Sie konnten schwimmen. Sie hatten erst in Paris ein Restaurant. Dann waren Sie wieder in La Paz in Ihrem alten Beruf und verbanden und gipsten die Opfer des Chacokrieges, haben in Azurduy Kinder in Scheunen zur Welt gebracht und waren der einzige Arzt bei den Indios in einem Umkreis von 1000 Meilen; haben bei Tarija gegen Gelbfieber und Beulenpest gekämpft und sind nun 5000 Meter hoch mit bald 70 Jahren noch immer als Arzt tätig. Sie haben mit einem Wort ein zweites Leben gelebt. Sie wurden in ihrem zweiten Leben mehr gebraucht als im alten."

Das Gefühl, in Sucre ein zweites Leben gehabt zu haben, hatte auch ich, und auch das Gefühl, im zweiten Leben mehr gebraucht zu sein als im ersten. Als ich ging, schrieb mir die Handelskammer (der ich nie angehört und an deren Sitzungen ich nie teilgenommen hatte), sie hofften, dass ich zurückkomme in ein Land, dem ich so nützlich gewesen sei.

Die menschliche Bilanz war gut. Ich hatte viele kluge, gute und sehr menschliche Menschen kennengelernt, unter den Weißen wie unter den Roten (aber nur wenige unter den Cholos). Ich hatte ein Land kennengelernt und gesehen, wie es im 20. Jahrhundert noch möglich ist. Ein paar Männer, die nicht mal im Lande leben, haben den Reichtum des Landes in ihren Händen; ein paar Prozent, die von den Reichen abhängen und von dem reichen Tisch und seinen Abfällen gut leben können; und die große Masse, bettelarm, so oder so versklavt. Und dazwischen die Ärzte, Anwälte, Lehrer und Kaufleute und Beamte, die einen kleinen Mittelstand darstellen.

Ich hatte das Land in seiner Geschichte, in seiner Natur, in seiner ökonomischen, sozialen, geologischen, politischen und technischen Struktur, wenn auch nur oberflächlich, so doch in seinen Zusammenhängen kennengelernt, was nur in einem kleinen Land in 10 Jahren möglich ist. Ich war in

Berührung mit Menschen gekommen, die noch caballeros und hidalgos waren, aus der spanischen Welt her, die uns so fremd ist und deren Adel nichts mit Uniformen oder Uniformität zu tun hat. Ich hatte das Wunder mit eigenen Augen, von Tag zu Tag, mit wachem Sinn und immer warmem Herzen verfolgt, wie aus ein paar hundert Menschen, die mit oder ohne Stempel als Juden galten und eigentlich fast durchweg gar nicht mehr Juden waren, als ein Mann Christ ist, der Weihnachten einmal in die Kirche geht – wie das ihnen seit unendlichen Zeiten durch Verfolgung eingeborene Gefühl der unbewussten Zusammengehörigkeit zu neuer Verwurzelung in einem wildfremden Land verhalf; wie aus lauter fremden Menschen wieder eine Gemeinde wurde, wie aus verjagten, verachteten, verlorenen Menschen wieder selbstbewusste, auf eigenen Füßen stehende Menschen wurden; und wie das Wort „Der Mensch lebt nicht von Brot allein" sich an ihnen offenbarte.

Ich erinnere mich, schon ein Jahr nach der Einwanderung der Juden ein Angebot in meinen Händen gehabt zu haben für ein Jahresabonnement zu Symphoniekonzerten. Das Orchester bestand aus Juden und Bolivianern; die Dirigenten und die meisten Geiger waren Juden. Und oft auch die Solisten. Sucre bestand seit 1512, denke ich. Das erste Symphoniekonzert war 1941.

Ich ging von Sucre – „mehr zog sie mich, halb sank er hin." Ich wollte nicht weg. Ich war nur 60. Und ich war krank und in guten ärztlichen Händen. Aber meine Söhne[22] sahen keine Zukunft für sich, und meine Frau war jung und hielt Sucre für zu alt. Mein Herz litt auch in der Höhe von 3000 Metern. Ich bekam fast jede Woche Injektionen gegen hohen Blutdruck. So ging ich – in ein neues Land, weit, weit weg, in dem ich wieder Fremder war, wieder nicht die Sprache konnte; ich ging schweren Herzens.

Als ich in Kanada war, nannte ich mein neues kleines Unternehmen ‚Sucre Lumber Co. Ltd.‘ „Was ist Sucre?" fragten mich die Kanadier. Meine Lehrerin in Sucre aber, die Helena de Gutierrez Urialog, profesora und wohl die erste Dame von Sucre, schrieb mir: „Es ist ein wundervolles Gefühl, dass es Menschen gibt, die noch dankbar sind und, so viel tausend Meilen von Bolivien entfernt, ihrem neuen Werk den Namen ‚Sucre‘ geben."

---

[22] Dies wird sich vermutlich eher auf Max beziehen als auf Dan, der damals erst 5 war. Max war zusammen mit allen anderen in England lebenden Deutschen beim Ausbruch des Krieges von Churchill zum Feind erklärt worden; er wurde daraufhin nach Nova Scotia, im Westen Kanadas, in ein Konzentrationslager geschickt. Dort wurde er mithilfe eines jüdischen Sponsors befreit und wurde seinerseits zum Sponsor seiner Familie in Bolivien, die ihm die Möglichkeit verdankte, von dort nach Kanada auszuwandern.

Der Pass

Von Dan Propp

Noch habe ich den Pass, das „J", das Kreuz

Sie kamen heraus – knapp – noch in den 30ern

Ihre Stimme ist dahin, weg sind

Die Geschichten jener Jahre

Doch wann immer ich den Pass sehe

Ich trete in ein Labyrinth

Das die Kindheit gebaut

Mutters Gesicht und Vaters

Das Lacher, der Humor – entwickelt

Doch ihre Augen, so traurig

Kinder von heute, freut euch

Feiert, was ihr habt

Lasst nie zu, dass es wiederkommt

Eure Pässe in die Zukunft –

Lasst sie mit Achtung stempeln!

Lasst Offenheit und Annahme

Die einzigen Ketten sein

Um Euren Hals…

Dan Propp

Dan Propp wurde 1944 in Bolivien als Sohn deutsch-jüdischer Eltern geboren. Nach dem Abitur arbeitete er als Postkartenfotograf, was er nie aufgab, und als Journalist, bevor er Grundschullehrer wurde. Er gibt Konzerte als Akkordeonspieler und Sänger. Er lebt mit seiner Frau in Richmond, bei Vancouver, Kanada.

Domingo Avilés

Domingo Avilés studierte Klassische Philologie in Tübingen. Nachdem er in Fribourg, Schweiz, mit einer althistorischen Dissertation promovierte, ging er nach Vancouver, wo er heiratete und jetzt eine kleine Tochter hat. Er liest viel, ist an allem Historischen interessiert und übersetzt gerne.

daviles@sfu.ca

Made in the USA
Charleston, SC
03 October 2016